JN123252

よくわかる気学・方位学

甲斐四柱推命学院学院長
山田凰聖

知道出版

はじめに

時代は２０２０年代に入り、元号も「令和」になり、早や三年目になりました。
新型コロナウイルスの感染拡大は世界規模に及び、それまでの生活様式を根底から覆そうとしています。人類は今、大きな曲がり角を迎えているのは誰の目にも明らかなのです。ですが、ＡＩがシンギュラリティを迎えようが、５Ｇが６Ｇになろうが、サイボーグやクローン人間が出現しようが、本当に知りたいことは誰もわからないのです。

「自分は何歳まで生きられるのか」「相手は自分のことをどう思っているのか」「いつ頃どういうことが自分の身に起こるのか」といったことに誰も答えてくれないのです。

そんな中で、少しでも答えを求めようとして「占い」に辿り着いたりするのです。もちろん、「占い」がすべての疑問に答えてくれるわけではないのですが、少なくとも、自分の将来や、これから自分の身に起こりそうなことをある程度予知することは可能なのです。

この本に書かれている「気学・方位学」は、開運法でもあるのです。「悪かったらどうするか」といった、運勢を好転させる方法も書いています。ただし、それには少々副作用も伴うことも……詳しくは本文をご覧ください。

甲斐四柱推命学院 学院長　山田凰聖

九星学による人生のリズム

人間と云うものは、その人生航路に於いて、始めスタートは苦労をし（一白水星）、他人に尽くし（二黒土星）、才能を発揮（三碧木星）、確かな信用を博し（四緑木星）、その信用を基として欲望を充足する（五黄土星）。しかしながら、その欲望の充足も、陽極まれば陰となり、散花なる（五黄土星）、その開花したその才能を更に蓄積することによって、充実（六白金星）を期すことであります。

そして、その物心両面における充実を基礎として、悦びと楽しみ（七赤金星）を味わい、その悦びもほどほどにする事によって、不動産並みに相続人（八白土星）を得て、人間最高の名誉地位（九紫火星）を獲得する。〈『稲葉聡観書』より〉

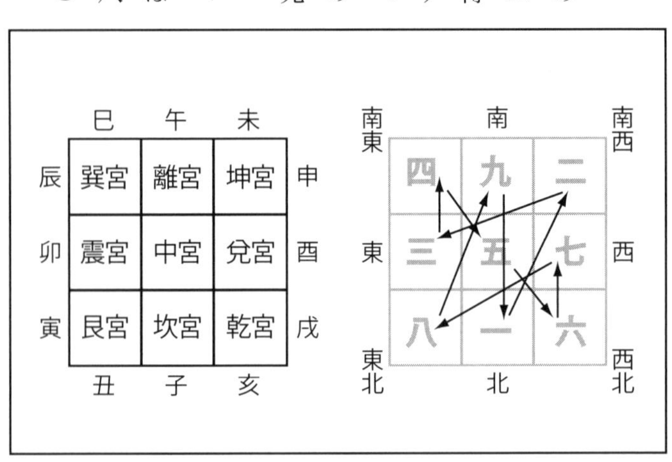

よくわかる気学・方位学　目次

第一章

気学の基礎

一　気学とは

気学とは、「気」を「学ぶ」ものであるが、「気」とは、目に見えないものが人間の運勢に何らかの作用をおよぼしていることをあらわしています。運気、景気、人気、天気、気配、殺気、勇気、元気、気持ち……など、目には見えなくても、はっきりと人間の運命に何らかの影響を与えているものなのです。

この世に「おぎゃ〜」と生まれて、初めて大気の空気を吸う、その時の気が九つの種類に分けられている――これを九星気学と言います。

九星気学は、一白(いっぱく)水星、二黒(じこく)土星、三碧(さんぺき)木星、四緑(しろく)木星、五黄(ごおう)土星、六白(ろっぱく)金星、七赤(しちせき)金星、八白(はっぱく)土星、九紫(きゅうし)火星の九つの星を示します。

これらの星は、実際の空の星ではなく、東洋占星学である九つの気のことです。

九星気学は、陰陽と五行、十干十二支から成り立っており、元は易(えき)の理論から発展しています。それがさまざまな変遷を経て、独自の九星気学の理論が誕生したのです。

ですから、九星気学の根本的な考えは易と同じなのです。

二　気学の成り立ち

一、陰陽
二、八卦
三、五行
四、十干
五、十二支
六、九星

⚊ 陽　⚋ 陰

1 ☰ 乾（けん）　2 ☱ 兌（だ）
3 ☲ 離（り）　4 ☳ 震（しん）
5 ☴ 巽（そん）　6 ☵ 坎（かん）
7 ☶ 艮（ごん）　8 ☷ 坤（こん）

木（もく）　火（か）　土（ど）　金（ごん）　水（すい）

甲（きのえ）　乙（きのと）　丙（ひのえ）　丁（ひのと）　戊（つちのえ）　己（つちのと）　庚（かのえ）　辛（かのと）　壬（みずのえ）　癸（みずのと）

子（ね）　丑（うし）　寅（とら）　卯（う）　辰（たつ）　巳（み）　午（うま）　未（ひつじ）　申（さる）　酉（とり）　戌（いぬ）　亥（い）

一白水星（いっぱくすいせい）　二黒土星（じこくどせい）　三碧木星（さんぺきもくせい）
四緑木星（しろくもくせい）　五黄土星（ごおうどせい）　六白金星（ろっぱくきんせい）
七赤金星（しちせききんせい）　八白土星（はっぱくどせい）　九紫火星（きゅうしかせい）

三　易の太極図とは

易の太極図は、地球ができる前の宇宙の状態をあらわしています。

古代中国の帝王であった伏羲（ふつぎ）が宇宙からみた地球の姿とされており、「伏羲八卦図（はっけず）」と言われています。易の太極図は、物事の根源をあらわし、大元（おおもと）を示しています。

「⚊」が白で「陽」を、「⚋」が黒で「陰」をあらわしています。

「☰」は乾で、「陽」が三つですべてが「陽」で白、「☷」は坤で、「陰」が三つで全てが「陰」で黒、「☲」は離で、「陽」が二つで「陰」が一つで真ん中が「陰」で外側が「陽」。「☵」は坎で、「陽」が一つで「陰」が二つで真ん中が「陽」で外側が「陰」をあらわしています。

「陽」が極まれば「陰」に、「陰」が極まれば「陽」になると考えられ、「陽」と「陰」がはてしなく循環する易の根本の思想をあらわしています。

易の太極図は、大韓民国の国旗として使用されています。大韓民国の歴史は、まさにこの易の根本思想の通り、栄枯盛衰をあらわしているのです。

四　易の太極図

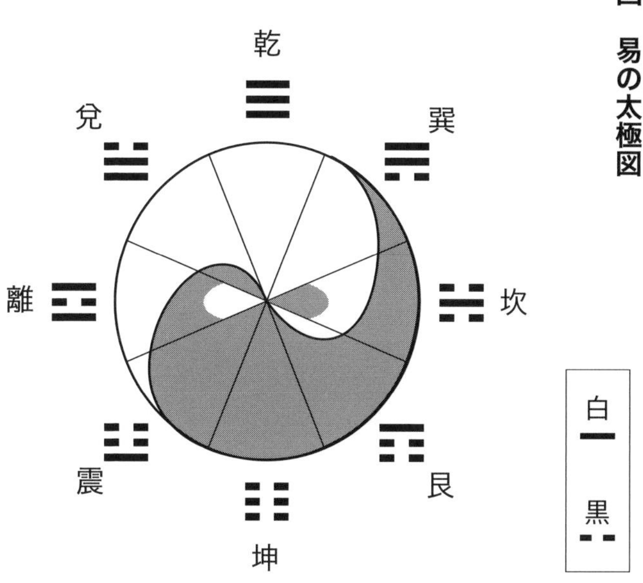

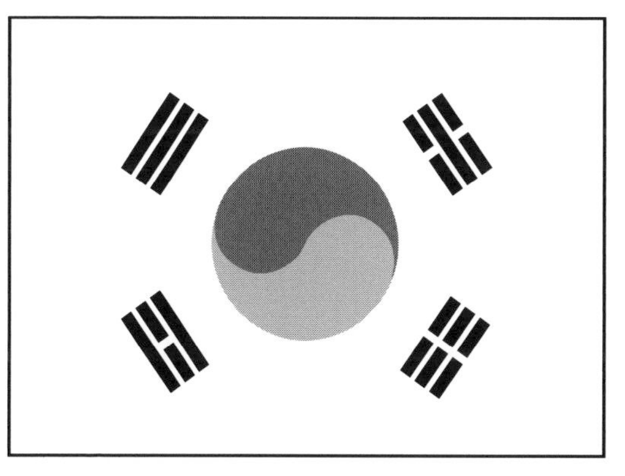

大韓民国の国旗

五　先天定位盤とは

伏義が古代中国の帝王であった時代。黄河流域に突如あらわれた竜馬の背にあった模様を元に作り上げたのが「河圖（河図）」で、この河図から先天定位盤が生まれました。

黄河流域に出現した竜馬は、実は神の化身で、当時、宇宙の真理について日夜研究をしていた伏義に、神が竜馬に姿を変えて、背中の模様で宇宙の真理を知らしめたと言われています。

先天定位盤は、易の八面体サイコロの元にもなっており、天の気と地の気などが混在して、宇宙の中のある時間を示しており、易の占断に使われる道具となっているのです。

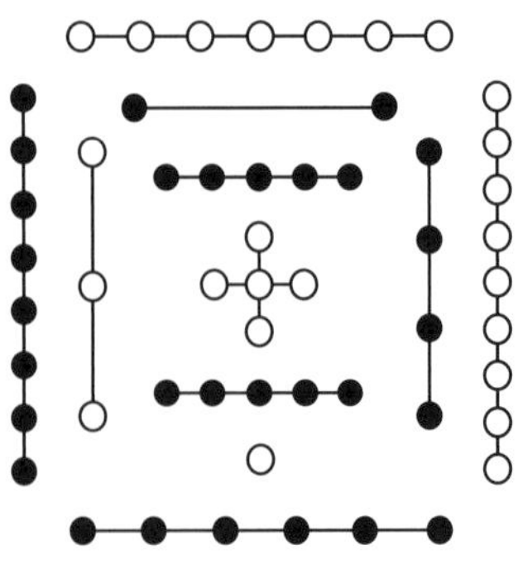

河圖（かと）
竜馬の背に描かれていたとされる。

六　先天定位盤

	南	南	南	
東	兌 ☱	乾 ☰	巽 ☴	西
東	離 ☲		坎 ☵	西
東	震 ☳	坤 ☷	艮 ☶	西
	北	北	北	

七 2 兌	六 1 乾	四 5 巽
九 3 離		一 6 坎
三 4 震	二 8 坤	八 7 艮

1 乾　2 兌　3 離　4 震　5 巽　6 坎　7 艮　8 坤

七　八卦

		読み方	意味	卦	陰陽	男女
1	乾	けん	（天）	☰	全陽	男
2	兌	だ	（澤）	☱	一陰二陽	女
3	離	り	（火）	☲	一陰二陽	女
4	震	しん	（雷）	☳	一陽二陰	男
5	巽	そん	（風）	☴	一陰二陽	女
6	坎	かん	（水）	☵	一陽二陰	男
7	艮	ごん	（山）	☶	一陽二陰	男
8	坤	こん	（地）	☷	全陰	女

八　陰陽説

天地創造

まだ、この世もあの世も区別がなく、天も地も混沌としていた太古のこと。創造主（神）が、天と地を分けられた。そして光が生まれ、その光を昼と名付け、この世を支配させた。

光の当たらない闇を夜と名付け、あの世を支配させた。

地上には草木が生え、太陽が地上を照らした。

地下には鉱石が埋蔵され、水が湛えられた。

下の図は、陰陽それぞれの性質をあらわしています。

陽の性質は太陽に象徴され、陰の性質は月に象徴されます。

そして、すべての事象がこの陰陽どちらかの性質を備えているといわれています。

太陽
陽
光　昼　表　男　生
この世

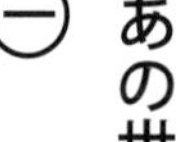
月

陰
闇　夜　裏　女　死
あの世

九　五行説

五行の相生と相剋

世の中の森羅万象すべてのものは、木火土金水の五つから成り立っているという考え方を五行説といいます。

これらはすべて、お互いに関連し合っていて、木が燃えて火を生じ、火が燃え尽きて土になり、土の中から金が生まれ、金から水がわき出し、水が木を育てるという考え方です。

これを五行の「相生（そうしょう）」といいます。

また、木は土の養分を吸い取り、土は水の氾濫をせき止め、水は火を消し、火は金を溶かし、金は木を切り倒すという考え方があります。

これを五行の「相剋（そうこく）」といいます。

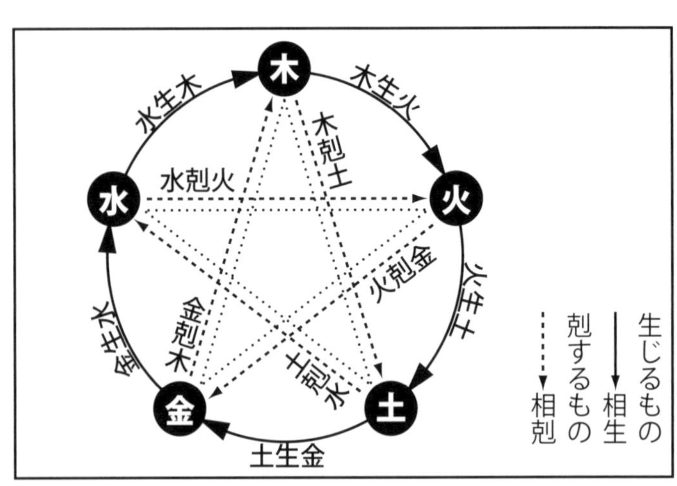

木
火
水
土
金

十干

世の中のすべてのものは、陰と陽に分かれ、木火土金水の五つから成り立っているという考え方を「陰陽五行説（いんようごぎょうせつ）」といいます。

木は、陽が「甲（きのえ）」に、陰は「乙（きのと）」に分けられ、
火は、陽が「丙（ひのえ）」に、陰が「丁（ひのと）」に分けられ、
土は、陽が「戊（つちのえ）」に、陰が「己（つちのと）」に分けられ、
金は、陽が「庚（かのえ）」に、陰が「辛（かのと）」に分けられ、
水は、陽が「壬（みずのえ）」に、陰が「癸（みずのと）」に、
それぞれ五行は陰陽に分けられるのです。
五行が陰陽に分かれて十干（じゅっかん）となります。
読み方の最後は、陽には「え」が、陰には「と」がつきます。

陰陽五行説と十干

五行	十干	読み	陰陽
木	甲	きのえ	＋
木	乙	きのと	－
火	丙	ひのえ	＋
火	丁	ひのと	－
土	戊	つちのえ	＋
土	己	つちのと	－
金	庚	かのえ	＋
金	辛	かのと	－
水	壬	みずのえ	＋
水	癸	みずのと	－

十一　十二支

十二支（じゅうにし）は、季節や年、月、日、時をあらわします。

例えば、令和四年は寅年、七月は未月で、土用の丑の日、子の刻参上などの表現をします。

十二支	陰陽	五行	季節	月	時間
子	陽	水	冬	十二月	午後11時〜午前1時
丑	陰	土	土用	一月	午前1時〜午前3時
寅	陽	木	春	二月	午前3時〜午前5時
卯	陰	木	春	三月	午前5時〜午前7時
辰	陽	土	土用	四月	午前7時〜午前9時
巳	陰	火	夏	五月	午前9時〜午前11時
午	陽	火	夏	六月	午前11時〜午後1時
未	陰	土	土用	七月	午後1時〜午後3時
申	陽	金	秋	八月	午後3時〜午後5時
酉	陰	金	秋	九月	午後5時〜午後7時
戌	陽	土	土用	十月	午後7時〜午後9時
亥	陰	水	冬	十一月	午後9時〜午後11時

十二　九星気学と八卦・陰陽五行・十干十二支の関係

九星	八卦	五行	陰陽	五行	十干	十二支
一白水星	坎	水	陽	水	壬	子
			陰	水	癸	
二黒土星	坤	土	陽	金		申
			陰	土		未
三碧木星	震	木	陽	木	甲	
			陰	木	乙	卯
四緑木星	巽	木	陽	土		辰
			陰	火		巳
五黄土星		土	陽	土	戊	
			陰	土	己	
六白金星	乾	金	陽	土		戌
			陰	水		亥
七赤金星	兌	金	陽	金	庚	
			陰	金	辛	酉
八白土星	艮	土	陽	木		寅
			陰	土		丑
九紫火星	離	火	陽	火	丙	午
			陰	火	丁	

第二章

方位学の基礎

一　方位学とは

「吉凶は動より生ず」と言われています。良いことも悪いことも、行動することで生じてくるのです。

方位学とは、自分の家（居場所）から八方位に分かれた方位に行くことで、運気が良くなったり悪くなったりするのを知る学問です。

八方位に行くことを「方位を取る」と言います。方位学は、移転や転居、引っ越しはもちろんのこと、建築や増改築（屋根の葺替えや地下を掘ることも含む）をすることも「方位を取る」ことになるのです。

よく建物を建てたら施主が病気になったり、建物の完成を待たずに、主人が建築中に亡くなったりすることがあります。これらは、すべてがすべてそうだと言うつもりはありませんが、悪い「方位を取った」ことが原因であることがあるのです。

二　方位学の成り立ち

方位は、先ず北の方位を知ることから始まります。実は、北には二種類あるのです。

一つは「真北（しんぼく）」で、地図上の北で北極点をあらわします。

二つめは「磁北（じほく）」で、磁石が指す北をあらわします。

方位は、真北の北を取るのです。ちなみに家相は磁北を取ります。磁北は真北より西に傾いています。この西に傾く角度を「偏角度」と言います。「偏角度」は北に行くほど大きく西に傾いており、東京、大阪で約七度ですが、福岡だと約六度で、北海道ですと約十度前後となるのです。方位を取る際に必要なのが『方位盤』です。

『方位盤』には真北と磁北の表示がされており、真北を点線……で示しています。

『方位盤』では、点線……の真北を地図上、あるいは図面上の北に合わせて方位を取るのです。

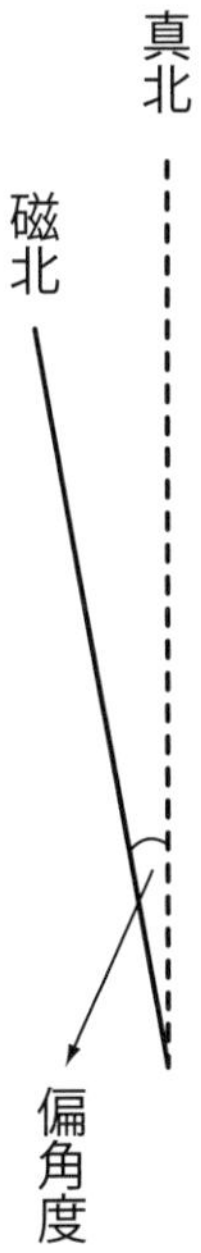

真北

磁北

偏角度

三　後天定位盤とは

禹王が、古代中国の帝王であった時代。洛水の治水工事の際に突如あらわれた神亀の背中にあった模様を元に作り上げたのが洛書で、洛書から後天定位盤が生まれました。

後天定位盤は、地球ができてからの宇宙の状態をあらわしています。古代中国の帝王であった文王が地球から見た宇宙の姿ともいわれており、「文王八卦図」と言われています。

後天定位盤は、主に方位や家相をみるもので、人間が何らかの行動を起こすことにより生じる現象を示しているのです。

河図を作り上げた伏義も、洛書を作った文王も、古代中国の帝王で聖人といわれた人でした。故に、神が馬や亀に姿を変えて聖人に宇宙の真理を知らしめたといわれています。

一見、何のへんてつもない模様に見えても、見える人にはそれが宇宙の真理に見える…見えない人にはただの模様。わかる人にはわかる、わからない人にはわからない…これは気学や占い全般にいえる真理なのかもしれません。

後天定位盤は、方位盤や家相盤の元になったもので、人間が行動することによって生じる現象を示しており、方位や家相の吉凶を占う道具となっているのです。

「洛書」

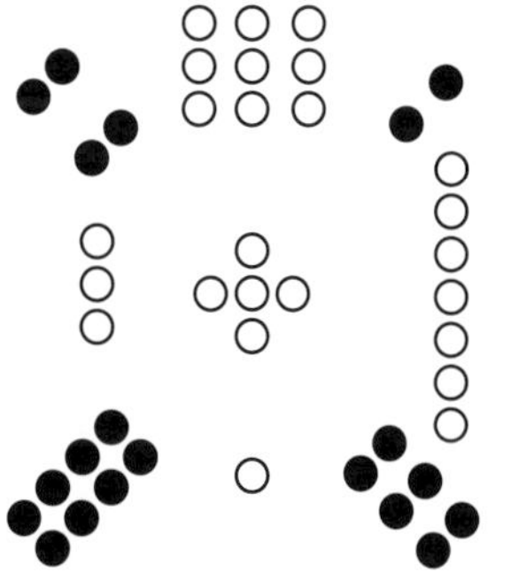

神亀の背にあらわれた「洛書（らくしょ）」

四　後天定位盤

	南	南	南	
東	巽 ☴	離 ☲	坤 ☷	西
東	震 ☳	中 ☷	兌 ☱	西
東	艮 ☶	坎 ☵	乾 ☰	西
	北	北	北	

	巳	午	未	
辰	四木	九火	二土	申
卯	三木	五土	七金	酉
寅	八土	一水	六金	戌
	丑	子	亥	

五　九星の動き

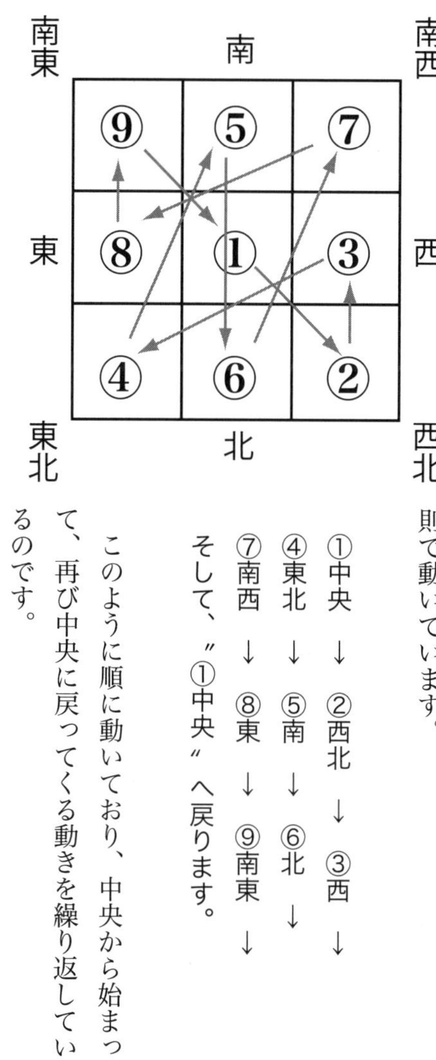

後天定位盤の九星は、上図のように一定の法則で動いています。

①中央　↓　②西北　↓　③西　↓
④東北　↓　⑤南　↓　⑥北　↓
⑦南西　↓　⑧東　↓　⑨南東　↓
そして、〝①中央〟へ戻ります。

このように順に動いており、中央から始まって、再び中央に戻ってくる動きを繰り返しているのです。

六　自分の本命星を知りましょう

本命早見表をみて、自分の本命星を探して下さい。

例えば、昭和四十年生まれの人ですと、「巳40」の上側を見て、八白土星であることがわかります。

平成八年生まれですと「子8」で、四緑木星となり、令和三年ですと、「丑3」の上側をみて、六白金星になるわけです。

ただし、二月の節分（原則として二月三日ですが、二月四日になる年もあります。「万年暦」を参考にしてください）までの生まれの人は、前年の星が本命星になります。

例えば、昭和四十年生まれの人でも、二月三日までに生まれていると、前年の昭和三十九年生まれとなり、「辰39」の上側をみて、九紫火星となります。

また、平成八年生まれでも、二月三日までは平成七年なので、「亥7」の上側をみて、五黄土星になり、令和三年も、二月三日までは令和二年なので、「子2」の上側をみて、七赤金星になるわけです。

七　本命星早見表

元号＼九星	一白水星	二黒土星	三碧木星	四緑木星	五黄土星	六白金星	七赤金星	八白土星	九紫火星
昭和	卯2	寅元							
	子11	亥10	戌9	酉8	申7	未6	午5	巳4	辰3
	酉20	申19	未18	午17	巳16	辰15	卯14	寅13	丑12
	午29	巳28	辰27	卯26	寅25	丑24	子23	亥22	戌21
	卯38	寅37	丑36	子35	亥34	戌33	酉32	申31	未30
	子47	亥46	戌45	酉44	申43	未42	午41	巳40	辰39
	酉56	申55	未54	午53	巳52	辰51	卯50	寅49	丑48
		巳64	辰63	卯62	寅61	丑60	子59	亥58	戌57
平成	午2	巳元							
	卯11	寅10	丑9	子8	亥7	戌6	酉5	申4	未3
	子20	亥19	戌18	酉17	申16	未15	午14	巳13	辰12
	酉29	申28	未27	午26	巳25	辰24	卯23	寅22	丑21
								亥31	戌30
令和	午8	巳7	辰6	卯5	寅4	丑3	子2	亥元	
	卯17	寅16	丑15	子14	亥13	戌12	酉11	申10	未9
	子26	亥25	戌24	酉23	申22	未21	午20	巳19	辰18

※但し、各年の二月節分までの生まれの人は前年の星が本命星になります。

八　自分の月命星を知りましょう

次の月命早見表をみて、自分の月命星を探して下さい。

例えば、本命星が三碧木星の人ですと、必ず十二支が辰戌丑未（四墓（しぼ）の星といいます）になります。

本命星が三碧木星で、二月四日〜三月五日の間に生まれていると、寅月で、月命星が五黄土星になるわけです。もし、三月六日〜四月四日の間に生まれているとすると、卯月で、月命星は四緑木星になるのです。

また、令和三年の七月二十六日だとすると、本命星は本命早見表（前頁）から六白金星になります。月命星は、七月七日〜八月七日の間になるので、未月で、月命早見表（次頁）から九紫火星になるわけです。つまり、令和三年の七月二十六日は、本命星は六白金星。月命星は九紫火星となるのです。

＊間違いやすい例として、もし平成八年二月一日生まれですと、本命星は平成七年の五黄土星（前頁参照）で、二月一日は一月生まれになるので、月命星は九紫火星となります。

九　月命星早見表

本命星（九星）			一白水星・四緑木星・七赤金星	二黒土星・五黄土星・八白土星	三碧木星・六白金星・九紫火星
二十四節気	節入日	十二支	四正の星 子午卯酉	四隅の星 寅申巳亥	四墓の星 辰戌丑未
立春	2/4	寅	八白土星	二黒土星	五黄土星
啓蟄	3/6	卯	七赤金星	一白水星	四緑木星
清明	4/5	辰	六白金星	九紫火星	三碧木星
立夏	5/6	巳	五黄土星	八白土星	二黒土星
芒種	6/6	午	四緑木星	七赤金星	一白水星
小暑	7/7	未	三碧木星	六白金星	九紫火星
立秋	8/8	申	二黒土星	五黄土星	八白土星
白露	9/8	酉	一白水星	四緑木星	七赤金星
寒露	10/8	戌	九紫火星	三碧木星	六白金星
立冬	11/8	亥	八白土星	二黒土星	五黄土星
大雪	12/7	子	七赤金星	一白水星	四緑木星
小雪	1/6	丑	六白金星	九紫火星	三碧木星

※各月の一カ月は、暦の節入日～翌月の節入日の前日までです。

十　方位盤

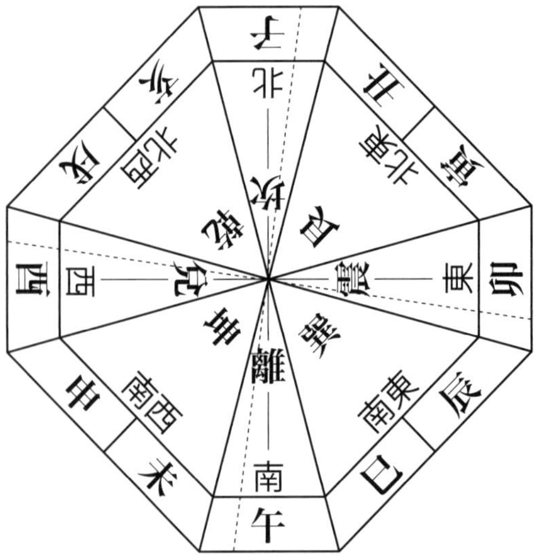

＊方位盤の磁北は真北より約7度西に傾いています。

第二章
九星の意味

一白水星

概要　「一」は数の始め。「白」はどんな色にも染まる色。「水」は循環する水。

性格　外柔内剛。表面は穏やかだが芯はしっかりしている。「水は方円の器に従う」で、どんな環境変化にも順応できる性格。水は流れ流されるで周囲に左右されやすい。

宿命　苦労性で、苦労して努力しなければ成功できない宿命を背負っている。財をなす人と貧乏な人との差が大きい。

中年運で、三四～三七才、四三～四六才、五二～五五才（数え年）がチャンスの年。

天地　雨、雪、霜、露、雲、寒気、大雨、水害、水、流水、泉、闇、月、北風

地理　北方、河川、池、滝、洞穴、井戸、湿地、水気のある低地、下水、凹地、溝

場所　地下室、穴蔵、井戸端、流し場、洗面場、葬儀場、水道局、下水処理場、温泉場、水族館、消防署、病院、酒蔵、造船所、海中、海岸、漁場、海水浴場、水田、水源地

人物　中男、次男、船員、船頭、水商売の人、盗賊、囚人、悪人、病人、盲人、死者、知恵者

身体　耳、血液、体液、汗、脂肪、脊髄、腎臓、膀胱、前立腺、子宮、肛門、陰部

病気　耳痛、腎臓病、冷え性、憂鬱症、吐血、婦人病、難病、エイズ、性病、痔

食べ物　酒類、飲料水、汁物、牛乳、豆腐、海苔、昆布、生魚、骨のあるもの、漬物、人参、玉葱、蓮根、しょうが、芋類

品　物　帯、紐、リボン、袴、スカート、羽織、針、酒器、インク、漆、弓、釣り道具、水晶、曲げたもの、曲がる物、冷たいもの、流れるもの、挟まれているもの、穴のあるもの

動　物　水中のもの、水辺の動物、魚、貝、四足動物、狐、馬、豚、鼠、蝶

植　物　水中の植物、湿地帯の植物、寒椿、寒紅梅、柊

家　宅　北向きの家、日当たりの悪い家、水辺の家、湿地、喫茶店、精進料理屋、質屋、診療所

雑　象　交際、関係、秘密、情交、溺れる、隠れる、悩む、考える、思う、愛す、敗れる、好む、泣く、法律、人情、三角関係、宴会、企る、落ち込む、陥る

季　節　真冬、十二月　　　　　　時　刻　子の刻　午後十一時〜午前一時

天　候　雨、曇、冷害　　　　　　方　位　北、西

色　　　白色、黒色　玄色　　　　味　　　鹹味（かんみ）

物　価　下落、底値　　　　　　　数　象　六、一、七

八　卦　坎　☵

二黒土星

概要　「二」は一の陽に対する陰。一に次ぐ二。「黒」は、暗黒の黒。「土」は万物を生み育てる。母なる大地。外柔内柔。従順で人の為に尽くす。女は女らしく、男も女らしい。

性格　表面は大人しそうですが、芯は強い。真面目で地味で従順なので、補佐役に向く。信頼できる目上の人に従うのが吉。

宿命　他力本願で、他人の力を頼って成功する宿命。有力な人を選択し、女房役に徹して献身的に尽くすのが吉。

晩年運で、四三〜四六才、五二〜五五才、六一〜六四才（教え年）がチャンスの年。

天地　曇り、霧、穏やかな日、昼下がり、耕した土

地理　田野、村落、郷里、平地、郊外、盆地、大地、高原、少し荒れた土地、場末の地

場所　平野、野原、農村、田畑、田園、牧草地、放牧地、田舎、故郷、空地、辺地、墓地

人物　母、妻、老婆、老人、労働者、使用人、部下、故郷の人、農夫、迷子、無能力者、無智な人、庶民、大衆、団体、婦人会

身体　腹、胃、脾臓、消化器官、肋骨、肉、血

病　気　胃潰瘍、胃癌、消化器病、虚弱症、肉体疲労、慢性疲労、鈍痛、腰痛、肩こり
食べ物　土の中の物、里芋、根野菜、筍、山菜類、麦、粉物、煮物、砂糖、駄菓子、牛肉、豚肉
品　物　安価なもの、数の多い物、柔らかい物、四角ばった物、土で作った物、低いもの、袋、
　　五穀、座布団、ズボン、素朴な物、産地もの
動　物　牛、雌馬、鹿、羊、蟻
植　物　芝、苔、牧草、葛、ススキ、たんぽぽ、キノコ、ワラビ、黒かき
家　宅　西南向きの家、田舎、倉庫、陰気な家宅、中古物件、長屋
雑　象　従順、平穏、従う、敬う、慎む、迷う、乱れる、失う、卑しい、欲、ケチ、虚無、平、静、
　　四角、黒い、数の多い物、垢抜けない、乗せる、受ける、育てる
季　節　晩夏～初秋　七月～八月　　　時　刻　未申　午後一時～午後五時
天　候　曇り、微雨　　　　　　　　　方　位　西南、北
色　　　黒色、黄色　　　　　　　　　味　　　甘い
物　価　下落、安値　　　　　　　　　数　象　八、五、十、十五
八　卦　坤 ☷

三碧木星

概要　「三」は天地の交わりにより三人になった。「碧」は、澄み渡った朝の東の空や、春の草の色。「木」は発芽する木で万物の活動。声あって形なし。地震のように奮動して上昇。

性格　外柔内剛。積極的で、新しいことに前向き。熱しやすく冷めやすく、好き嫌いが激しい。年をとっても若々しい。一足飛びに成果を得ようとしてトラブルが生じやすい。

宿命　新しいことに関する感性が鋭く、若くして創始者に就く宿命。初年運で、早く開運するが中年期に挫折しやすく、また晩年に挽回する。

二五～二八才、三四～三七才、四三～四六才（教え年）がチャンスの年。

天地　雷、雷雨、地震、晴れ、発芽する木、若木

地理　大いなる通行路、騒がしい町、色街、商業地、三角地帯、森林、震源地

場所　駅前、商店街、電気屋、電話局、放送局、テレビ局、音楽学校、音楽室、スタジオ、発電所、公会堂、ライブハウス、薬局、家具店、植木市場、青果商

人物　長男、若者、年長者、著名人、騒がしい者、ヒステリーな人、音楽家、声楽家、アナウンサー、歌手、声優、祭主、鍼灸師、電気治療師、弁護士

身体　肝臓、喉、気管、声帯、扁桃腺、甲状腺、毛髪、手足、親指、筋肉
病気　神経病、ヒステリー症、てんかん、痙攣を伴う病気、発狂、恐怖症、脚気、肝臓病
食べ物　酸味のある物、寿司、酢の物、ミカン、柑橘（かんきつ）類、梅干し、青野采
品物　音の出る物、テレビ、ラジオ、オーディオ類、騒がしい物、動く物、打楽器、楽器、車類、花火、ピストル、火薬類、ブラシ類、薬、メガホン
動物　竜、蛇、鷹、コンドル、啄木鳥（きつつき）、九官鳥、さえずる小鳥、雁、蝉、蜂、蛙、蜘蛛
植物　樹木、竹、葦、観葉植物、植木、草木、花、草の芽、野采、茶
家宅　東向きの家、林のある家、修理中の家、利便の良い土地、マンション、木造の家
雑象　振動、驚く、動く、短気、喧嘩、繁盛、鋭い、発明、新規、伸長、昇る、進出、進む、発展、成長、増える、声があり形なき象、歌う、講演、虚言、旅行、高い、決断、若返る
季節　中春　三月　　時刻　卯の刻　午前五時～午前七時
天候　晴れ、地震　雷　　方位　東
色　青色、碧色　　味　酸味
物価　変動、少しずつ上がる　　数象　三、四、八、十一
八卦　震 ☳

四緑木星

概　要　「四」は東西南北の四方。「緑」は草木が成長し、今が盛りと咲き競う。「木」は成長した木で、整った状態。

性　格　外剛内柔。表面はきちんとしているが、内面は安定性がない。決断力に欠き、迷いやすくチャンスを逃しやすい。優しく穏やかで社交的だが、きまぐれで優柔不断。

宿　命　人のために尽くし、信用、名声を得る宿命。初年運で、若いうちにチャンスに恵まれるが、成功するまでに歳月を要する。

二五～二八才、三四～三七才、四三～四六才（教え年）がチャンスの年。

天　地　風、雨雲があるが雨の降らない天候、伐採された木、成長した木、花壇

地　理　草木の繁盛している所、森、公園、洞窟

場　所　市場、取引所、船着場、青果市場、植物園、花屋、材木置場、玄関、通路、トンネル、貿易商社、飛行場、ハローワーク、結婚紹介所、旅行会社、神社寺院

人　物　長女、仲介人、旅人、遊び人、世話役、通訳、ガイド、ブローカー、額の広い人

身　体　呼吸器官、食道、腸、股、脇、頭髪、神経、動脈、筋、臂部（ひじぶ）

病気　風邪、喘息、痛風、中風、神経痛、内蔵病、痔、わきが、胆石

食べ物　鶏肉、うどん、蕎麦、鰻、穴子、酢の物、ネギ、ニラ、ニンニク、野菜、サンドイッチ
ヒラメ、カレイ、マカロニ、スパゲティ、麺類、バイキング料理、飲茶

品物　団扇、扇風機、リボン、糸類、縄、紐、くねくねした長い物、羽根飾り、線香、鉛筆、香の高い物、香水、香料、材木、彫刻、机、郵便箱、電信電話帳、伝達物、揺れる物

動物　雉（きじ）、孔雀、渡り鳥、キリン、駱駝（らくだ）、駝鳥（だちょう）、アルパカ、蛇、トンボ、豚、馬、ミミズ

植物　柳、竹、菖蒲（あやめ）、朝顔、百合、アマリリス、たんぽぽ、ネムリソウ、草、つる草

家宅　東南向きの家、林の中の家、風通しの良い家、木造住宅、地下室

雑象　柔和従順、整頓、世話、不決断、心が定まらない、考え違い、迷う、迷路、命令、伝達、評判、信用、音信、通信、遠方、遠い、旅行、一定の職がなく遊んでいる

季節　晩春～初夏　四月～五月　　時刻　辰巳　午前七時～午前十一時

天候　風雨、曇り、台風　　方位　東南、南西

色　青色、緑色　　味　酸味

物価　変動、少しずつ下がる　　数象　四、三、八、十一

八卦　巽 ☴

五黄土星

概要　「五」は中心、中央。「黄」は皇帝の黄。「土」は四季の変わり目である土用。育てるか殺すか、二つに一つで両極端を持っている。八卦の中にはない。

性格　中央に位置し、中心でないと収まらない。自我が強いので、人に使われると芽が出ない。人に頼らず、独立独歩で生きる。

宿命　思いもよらない出来事が、突如身の上に起こったりする宿命。一度落ちるとどん底まで落ちる。

大器晩成型で、四三〜四六才、五二〜五五才、六一〜六四才（教え年）がチャンスの年。

天地　地球の大地、地球の中心、変わり目、地震、津波、台風

地理　中心地、不毛の地、砂漠、泥炭地（でいたんち）、油田地、墓地、国境・県境

場所　中央、砂場、原野、廃墟、焼跡、被爆地、戦場、墓所、火葬場、ゴミ処理場、集積所、震源地、災害対策所、国際会議場、競技場、土俵、採掘場、原子力発電所、質屋

人物　帝王、大統領、首相、社長、悪党、親分、罪人、盗人、中毒者、変質者、コレクター、死人

身体　腹部、五臓（心臓、肝臓、腎臓、肺臓、脾臓）、排泄器官
病気　癌、腫瘍、心臓病、脳溢血、食中毒、アルコール中毒、薬害、下痢、便秘
食べ物　納豆、味噌、チーズ、発酵食品、かびた物、腐りかかった物、賞味期限切れ食品
品物　中心にあるもの、骨董品、中古品、アウトレット、見切り品、安い品物、壊れた品物、変わり目にあるもの、サンプル商品、展示品、売れ残り品、倒産品
動物　猛獣類、ゾウ、スカラベ、蠍(さそり)、毒のある虫、地中に棲む生き物
植物　サボテン、毒草類、毒きのこ、食虫植物、ラフレシア
家宅　中央にある家、中古住宅、古民家、廃墟、壊れた家、廃寺、古墳、修道院、首相官邸
雑象　天変、地変、破壊、全滅、爆発、廃業、失敗、失業、倒産、強欲、悪化、不明、不完全、不用物、損害、古い問題の再燃、景気の境目、支配、頂点、正義感、頑固、葬式
季節　土用　季節の変わり目　　時刻　なし
天候　不安定　　方位　中央
色　黄色、土色　　味　甘味
物価　変動、動きなく一点に集中　　数象　五、十、十五
八卦　なし

六白金星

概要　「六」は天地と四方。「白」は太陽、宇宙、天の色。「金」は洗練されない粗金。

性格　外剛内剛。自信家で自尊心が強い。自分勝手だが、人に頼まれると嫌とは言えない。プライドが高く、自意識過剰なので謙虚さが大切。

宿命　理想が高く考えすぎるために、チャンスを逃しやすい宿命。自信過剰が災いし、中年期に苦労する。

晩年運で、四三〜四六才、五二〜五五才、六一〜六四才（教え年）がチャンスの年。

天地　天、太陽、宇宙、晴天、雹（ひょう）、霙（みぞれ）、氷、寒気、粗鉄、砂金

地理　高台、丘、白樺、山荘、都、宮、繁華な地、避暑地、ヨットハーバー

場所　高層ビル、塔、タワー、官庁、首相官邸、神社仏閣、教会、劇場、博覧会場、競技場、競馬場、蔵、宮殿、証券取引所、ゲストハウス、ビップルーム、高級ホテル、老舗、別荘、学校

人物　父、夫、老人、年長者、皇帝、天皇、大統領、首相、長者、富豪、貴族、高貴な人、軍人、会長、大家、事業家、資本家、高級官僚、地位の高い職、高僧又は名誉ある神職の人

身体　頭、脳、顔、皮膚、肺臓、骨、脊髄、動脈

病気　頭痛、脳腫瘍、アルツハイマー、めまい、肺病、骨折、浮腫（ふしゅ）の病気、疲労、皮膚病

食べ物　果物、木の実、干魚、鰹節、米、馬肉、饅頭、御萩、稲荷寿司、宮廷料理、ディナー料理

品物　高価な物、高級品、宝珠、貴金属、金貨、金塊、金玉、鏡、時計、汽車、自動車、王冠、ティアラ、立派なもの、銅像、帽子、尊い物、風呂敷、衣類、靴下、傘

動物　虎、ライオン、狼、象、馬、競走馬、鶴、鳳凰、竜、犬、猫、ペット

植物　果実のなる木、果樹、薬草、秋に咲く花、柘植（つげ）

家宅　西北向きの家、大きい家、家柄の良い家、城、高級住宅、豪邸

雑象　天、高い、昇る、進行、竜、神仏、僧侶、老人、目上、尊い、施す、強情、頑固、堅い、飛ぶ、無、丸い、回転、覆う、大きい、易、気学、教える、統率、一攫千金

季節　晩秋～初冬　十月～十一月　　時刻　戌亥　午後七時～午後十一時

天候　晴れ、冷え、霜、雪　　方位　北西、南

色　白色、黄金色　　味　辛味

物価　高騰、高値、頂上　　数象　一、四、九、十三

八卦　乾　☰

七赤金星

概要　「七」は地平線と地中の気が地上に出てくるさま。「赤」は太陽が西の地平線に沈む赤色。「金」は精錬されて加工された金属。

性格　外柔内剛。社交的で頭脳明晰。話上手で愛嬌があり、人生を楽しく送れる。言葉による誤解やトラブルに注意。世渡り上手で、笑い上戸。

宿命　虚栄心強く、派手好きで浪費癖あり。大金には縁が薄い宿命。晩年運で、四三～四六才、五二～五五才、六一～六四才（教え年）がチャンスの年。

天地　星、星空、雨天、晴れより雨になる象、赤土、加工された金

地理　沢、池、沼、窪地、淵、水溜り、堀川、水際、小川、湿地帯、採掘地

場所　低地、プール、井戸、花柳街、遊興所、飲食店、酒宴、歓楽街、講堂、講習所、パーティ会場、結婚式場、キャバレー、待合い所、カラオケ、養鶏場

人物　末娘、三女、少女、若い女性、妾、歌手、芸人、司会者、ホステス、女祈祷者、金融業者、飲食店の主、ちょっと足りない人、おしゃべりな人

身体　舌、口、涎（よだれ）、喉、肺、歯、頬骨（ほおぼね）、呼吸器、胸部、静脈、女性器、神経

病気　口腔疾患、歯、咳、喘息、肺病、胸部の疾患、頭部の故障、湿疹、婦人病、性病

食べ物　羊の肉、鶏肉、スープ、焼き鳥、親子どんぶり、飲料水、コーヒー、ビール、辛みの物

品物　金貨、銀貨、通貨、金銀の器、鍋釜、刃物、調理器具、鈴、コップ、女性に関係あるもの、アクセサリー、細工物、玩具、口に関係あるもの、入歯、インプラント

動物　羊、沢の中の動物、豹、虎、猫、ウサギ、金魚、鯉、鶏、水鳥

植物　撫子（なでしこ）、コスモス、月見草、桔梗（ききょう）、ショウガ、マングローブ、湿地帯の草木類、秋に咲く草花

家宅　西向きの家、水辺のある家、口舌紛争のある家、借屋

雑象　口、悪口、笑う、喜ぶ、歌う、語る、説明、遊興、傷つく、破損、壊れる、足りない、剣、飲食、金銭、脱出、女性、少女

季節　中秋　九月　　　時刻　酉の刻　午後五時〜午後七時

天候　曇り、雨模様、朝焼け　　　方位　西、東南

色　白色、黄金色　　　味　辛味

物価　底値、低値　　　数象　二、四、九、十三

八卦　兌　☱

八白土星

概要　「八」は四方八方。「白」は終わりと始まりで白紙に戻る白。「八」は陰から陽へ変化しようとする土。山にかたどり、静止の徳を現す。

性格　外剛内柔。頑固で我がまま。自分勝手で優柔不断。協調性に欠け、人間関係に難があり孤立しやすい。細かく計算し、策略家の一面あり。人に本音を見せない。

宿命　後継者となり、身内や他人の財産を相続する宿命。一攫千金を狙うと中年期に失敗する。晩年運で、四三～四六才、五二～五五才、六一～六四才（教え年）がチャンスの年。

天地　雲、霧、嵐、曇天、天候および気候の変わる時期、山の土

地理　山脈、山岳、岩山、尾根、霊山、墳墓、遺跡、断崖、断層

場所　山荘、岩場、石段、石垣、土手、断崖絶壁、階段、高台、門、寺、神社、墓地、倉、倉庫、休憩所、独房、道場、宿坊、禅寺、旅館、登山道、採掘場、疎開地

人物　末男、三男、年少者、小男、下男、童子、子供、相続人、肥満の人、丈の高い人、山伏、僧侶、修行僧、登山家、蓄財家、強欲な人、革命家、反戦運動家、思想家、浪人

身体　背中、腰、鼻、手指、足、関節、骨、脊髄

病　気　疲労からくる病気、腰痛、肩こり、筋肉痛、鼻の病気、リュウマチ、半身不随

食べ物　山で採れた物、土中の物、キノコ類、芋類、牛肉類、干物類、保存食、魚の卵類

品　物　土石類、積み重ねた物、ついたて、机、テーブル、本棚、家具、動かないもの、剥製、置物、重箱、座布団、丈高い物、灯篭、重たい物、文鎮、相続品、遺品

動　物　山羊（やぎ）、鹿、猪、山猫、山岳の動物、虎、キリン、カラス、コンドル、禿鷹（はげたか）、ヤモリ

植　物　鉱山植物、瓜類、蔓（つる）のある物、黄色の物、山芋、百合根、無花果（いちじく）、土筆（つくし）

家　宅　東北向きの家、石段のある屋敷、二世帯以上の家、行き止まりの家

雑　象　変化、変動、閉鎖、閉店、中止、終始、再起、相続、不動、貯蓄、高い、迷う、進退決せず、故障、変人、苦学、養子縁組

季　節　晩冬〜初春　一月〜二月　　時　刻　丑寅　午前一時〜午前五時

天　候　曇り　　方　位　東北、北西

色　　　黄色、白色、土色　　味　　甘味

物　価　高値、高保合　　数　象　七、五、十、十五

八　卦　艮　☶

九紫火星

概　要　「九」は最高の数で極まる、究極の数。「紫」は炎の色で赤と青が融合して生まれる色。「火」は明るく照らし明瞭にする。

性　格　外剛内柔。中身が伴っていなくても、外見がよいのでしっかりして見える。離合集散で、交際相手や職業が変わりやすい。熱しやすく冷めやすい。

宿　命　人の上に立ちたい欲望が強く、人を押しのけて進もうとして失敗する宿命。美術、文芸、芸術などの天分あり。

中年運で、三四〜三七才、四三〜四六才、五二〜五五才（数え年）がチャンスの年。

天　地　太陽、炎、熱、雷光、虹、霞（かすみ）、晴天、日中、明るい、温かい

地　理　南方、南向きの地、熱帯地方、南国地域、乾いている土地、噴火口

場　所　表彰台、見張所、火災地、消防署、交番、警察官、裁判所、法廷、税務署、繁華街、宴会場、結婚式場、博物館、展覧会、信号燈、映画館、学校、図書館、社殿、祈祷所

人　物　中女、次女、中年の女、美男美女、智者、裁判官、教員、眼科、眼鏡をかけた人、鑑定家、政治家、画家、書家、文士、マスコミ関係、芸能人、上流階級、派手な人、未亡人

身体　頭、顔面、髪、心臓、乳房、精神、眼、皮膚、血液
病気　高熱が出る病、日射病、のぼせ、頭痛、心の病、心臓病、眼病、やけど、かぶれ、おでき
食べ物　炒め物、焼いた物、中華料理、干物、すっぽん、貝類、蟹、海老、馬肉、唐辛子
品物　明らかにするもの、文書、書画、証券、証書、表彰状、訴状、新聞、写真、掲示板、手紙、メール、報告書、飛行機、ストーブ、印鑑、綺麗なもの、華やかなもの、流行のもの
動物　火の鳥、孔雀、雉（きじ）、七面鳥、鶴、亀、すっぽん、雁、馬、海老、蟹、蝶
植物　さるすべり、南天、柿、林檎、西瓜、ひまわり、牡丹（ぼたん）、ほおずき、紅葉、美しい花
家宅　南向きの家、日当たりの良い家、空家、高台の家、高層マンション
雑象　太陽、火、明るい、暑い、派手、喧嘩、赤い、手術、火災、輝く、美人、離別、光り、文才、発見、露見、見破る、栄転、辞退、除名、地図、映画、心理学、知識、中身がない
季節　盛夏、六月　　時刻　午の刻　午前十一時～午後一時
天候　晴天、旱魃（かんばつ）　　方位　南、東
色　赤色、紫色　　味　苦味
物価　上がる、急上昇　　数象　三、二、七、九
八卦　離 ☲

四緑木星	九紫火星	二黒土星
☴ 巽 風 外剛内柔 初年運・東南 長女・呼吸器 四月～五月（辰巳）	☲ 離 火 外剛内柔 中年運・南 中女・心臓・眼 六月（午）	☷ 坤 地 外柔内柔 晩年運・西南 母・胃・脾臓 七月～八月（未申）
三碧木星	**五黄土星**	**七赤金星**
☳ 震 雷 外柔内剛 初年運・東 長男・肝臓・胆嚢 三月（卯）	八卦なし 外柔内剛 大器晩成・中央 帝王・五臓 土用	☱ 兌 沢 外柔内剛 晩年運・西 末娘・口・喉 九月（酉）
八白土星	**一白水星**	**六白金星**
☶ 艮 山 外剛内柔 晩年運・東北 末男・鼻・背中 一月～二月（丑寅）	☵ 坎 水 外柔内剛 中年運・北 中男・耳・腎臓 十二月（子）	☰ 乾 天 外剛内剛 晩年運・北西 父・肺臓・頭 十月～十一月（戌亥）

第四章

吉方位と凶方位

一　方得と方災

良い方位（吉方位）を取って運気が良くなることを「方得（ほうとく）」と言います。また、悪い方位（凶方位）を取って運気が悪くなることを「方災（ほうさい）」と言います。

吉方位を取ってもすぐには良くはならないのですが、凶方位を取るとすぐに悪いことが起こります。そこで、極力、凶方位を避けて、吉方位に行くようにするのが、方位学による開運法なのです。ただ、実際には、吉方位よりも凶方位の方が圧倒的に多いのです。「八方塞がり（はっぽうふさがり）」と言われるように、どの方角にも行けないようなことが起こってくるのです。ですから、意識して吉方位に行くようにしないと、自然に凶方位にばかり行くことになるのです。

吉方位と凶方位には、二通りの考え方があります。

一つは吉方位論で、五行の相生、相剋による関係によって、吉方位と凶方位を判断する考え方です。もう一つは七大凶殺で、毎年何人（なんぴと）にとっても行ってはいけない三大凶殺に、四つの凶方位を加えて七大凶殺と言い、吉方位論の凶方位よりも凶意が強い凶方位と判断する考え方です。

二　吉方位論

自分の本命星に対して、相性関係にある星の方位を吉方位と言い、相剋関係にある星の方位を凶方位と言います。吉方位には、生気、比和、退気があり、凶方位には、死気、殺気があります。ただ、後述する七大凶殺がつくと作用がなくなります。

①生気（大吉）自分の本命星にとって親星になる星（四柱推命では印星にあたる）。
この方位を用いると、目上の引立てを受けられます。

②比和（中吉）自分の本命星にとって兄弟星になる星（四柱推命では比肩、劫財にあたる）。
この方位を用いると、自分と同格の人の協力や援助を受けられます。

③退気（吉）自分の本命星にとって子星にあたる星（四柱推命では食神、傷官にあたる）。
この方位を用いると、人のために尽くして幸福を得られます。

④死気（凶）自分の本命星にとって剋する星（四柱推命では財星にあたる）。
この方位を用いると、相手をやっつけに行って自分がやられてしまいます。

⑤殺気（凶）自分の本命星にとって剋される星（四柱推命では官星にあたる）。
この方位を用いると、相手から邪魔や妨害をされます。

三　吉方位と凶方位（吉方位論）

本命星＼吉凶	①生気 大吉	②比和 中吉	③退気 吉	④死気 凶	⑤殺気 凶
一白水星	六白金星 七赤金星	なし	三碧木星 四緑木星	九紫火星	二黒土星 五黄土星 八白土星
二黒土星	九紫火星	八白土星	六白金星 七赤金星	一白水星	三碧木星 四緑木星
三碧木星	一白水星	四緑木星	九紫火星	二黒土星 五黄土星 八白土星	六白金星 七赤金星
四緑木星	一白水星	三碧木星	九紫火星	二黒土星 五黄土星 八白土星	六白金星 七赤金星
五黄土星	九紫火星	二黒土星 八白土星	六白金星 七赤金星	一白水星	三碧木星 四緑木星
六白金星	二黒土星 八白土星	七赤金星	一白水星	三碧木星 四緑木星	九紫火星
七赤金星	二黒土星 八白土星	六白金星	一白水星	三碧木星 四緑木星	九紫火星
八白土星	九紫火星	二黒土星	六白金星 七赤金星	一白水星	三碧木星 四緑木星
九紫火星	三碧木星 四緑木星	なし	二黒土星 八白土星	六白金星 七赤金星	一白水星

四　三大凶殺

吉方位論で、吉方位と凶方位を説明しましたが、それ以外に「三大凶殺」という凶方位があります。

「三大凶殺」は、何人も使ってはならない凶方位で、毎年その年の決まった凶方位があり、そこへは誰が行っても良くないと言われています。

「三大凶殺」には、1 暗剣殺(あんけんさつ)、2 五黄殺(ごおうさつ)、3 歳破(さいは)の三つの凶方位があります。

1、**暗剣殺**……年月日盤において、五黄土星の正反対側の方位。
　この方位を犯すと、他動的災いを受けます。

2、**五黄殺**……年月日盤において、五黄土星が入っている方位。
　この方位を犯すと、自動的災いを受けます。

3、**歳破**……その年の十二支の正反対側にある十二支の方位。
　この方位を犯すと、物事の破れを生じます。

五　七大凶殺

「七大凶殺」は、「三大凶殺」に、４本命殺、５本命的殺、６月破、７定位対冲を加えたものです。

「七大凶殺」は、吉方位論の吉方位と凶方位よりも凶意が強く、「七大凶殺」であれば、生気、比和、退気の吉方位であっても、吉作用は生じないと言われています。

4、本命殺……自分の本命星が入っている方位。
この方位を犯すと、健康上の問題が生じます。

5、本命的殺……自分の本命星の正反対側の方位。
この方位を犯すと、精神的な悩みが生じます。

6、月破……その月の十二支の正反対側にある十二支の方位。
この方位を犯すと、物事の破れを生じます。

7、定位対冲……後天定位盤に入っている九星の方位（定位と言う）が、正反対側に入っている方位。この方位を犯すと、物事が九〇パーセント決まってから後にひっくり返ると言われています。

六　吉方位の取り方

令和三年の吉方位を取ってみましょう（70頁の上図を参照）。

1、暗剣殺

令和三年は六白金星の年に当たるので、後天定位盤の真ん中（中宮と言います）に六白金星が入ります。東南に五黄土星が入っていますので、正反対側の七赤金星が入っている、西北が暗剣殺となります。

2、五黄殺

五黄土星が入っている、東南が五黄殺になります。

3、歳破

令和三年は辛丑の年なので、丑が入っている東北の正反対側の、西南が歳破となります。

4、本命殺

自分の本命星が入っている方位が本命殺となります。例えば、昭和四十六年生まれの人ですと、本命早見表から本命星が二黒土星となります。この二黒土星が入っている、北が本命殺となります。

5、本命的殺

本命的殺は本命殺の正反対側になります。本命殺が二黒土星の人は、本命殺の北の正反対側の、南が本命的殺となります。

6、月破

その月の十二支の正反対側に入っている方位が月破になります。例えば、令和三年の六月は、六月の午が入っている南の正反対側の、子が入っている北が月破になります。

7、定位対冲

後天定位盤の定位置の九星が、正反対側に入っている方位が定位対冲になります。

例えば、令和三年は、一白水星が後天定位盤（五黄土星が中宮の盤、70頁下図）の定位である、北の正反対側の南に入っていますので、南が定位対冲となります。

8、生気（大吉）

本命殺が二黒土星の人にとって、九紫火星が入っている東北は、生気で大吉となります。

9、比和（中吉）

二黒土星にとって、八白土星が入っている西は、比和で中吉となり、七大凶殺に当たっていないので、この西は吉方位となります。

10、退気（吉）

二黒土星にとって、六白金星と七赤金星は退気で吉です。七赤金星は西北で吉方位ですが、暗剣殺に当たっているので大凶方位となります。六白金星は中宮に入っているので吉方位としてはとれません。

11、死気（凶）

二黒土星にとって、一白水星は死気で凶ですから、一白水星が入っている南は、死気で凶方位となります。また、一白水星が入っている南は、定位対冲にあたり大凶となります。

12、殺気（凶）

二黒土星にとって、三碧木星と四緑木星は殺気で凶です。特に、三碧木星が入っている西南は、歳破にあたり大凶方位となります。四緑木星が入っている東は、殺気で凶方位となります。

13、吉方位

本命星が二黒土星の人の令和三年の吉方位は、七大凶殺と殺気、死気に当たっていない九紫火星が入っている東北と、八白土星が入っている西になります。

七　その他の凶殺

1、日破（にっぱ）

その日の十二支の正反対側にある十二支の方位。この方位を犯すと物事の破れを生じます。ただし、日破はその日、一日だけの凶現象なので、余程重要な日でもない限り、それ程心配することはありません。それこそ、毎日毎日の凶方位を気にしていたら、どこにも行けなくなりますから…。

2、時破（じは）

その時刻の十二支の正反対側にある十二支の方位。この方位を犯すと破れを生じます。ただし、時刻はその時刻である二時間程度の凶現象なので、余程重要な時間帯でもない限り、日破と同じくそれほど心配する必要はありません。

3、月命殺（げつめいさつ）

自分の月命星が入っている方位。この方位を犯すと、本命殺と同じように健康上の問題が生じます。

4、月命的殺（げつめいてきさつ）

自分の月命星の正反対側の方位。この方位を犯すと、本命的殺と同じように精神的な悩みが生じます。

5、定位対冲（ていいたいちゅう）

七大凶殺で説明しましたが、自分の本命星が後天定位盤の本命星の正反対側に入っている方位を、定位対冲とする考えがあります。定位対冲にはそれ程大きな凶意はないとされています。

一般的には、北に九紫火星が入り、南に一白水星が入っている方位（水火殺方位という）だけ注意すれば良いと言われています。ですから、どうしても吉方位が取れない時は、あえて定位対冲を吉方位として取ることもあります。逆に考えれば、定位対冲を犯しても、物事は九〇パーセントは上手くいくのですから、程々のところで満足すれば良いのです。

＊日の作用は、発生から終りまで60日間です。ですから重要なことには使えません。時の作用は60刻で5日間、月の作用は60カ月で5年間。年の作用は60年です。

＊基本的には本命星で吉方位を取りますが、特別な開運が必要な場合は、本命星と月命星を合わせて吉方位を取ることがあります。

6、小児殺（しょうにさつ）

毎月の月盤に、毎年決まった九星が入っている方位。この方位を犯すと、十二歳以下の子供に悪影響が生じます。小児殺を七大凶殺に加えて八大凶殺とする考え方もありますが、子供にのみの凶殺なので、あえて八大凶殺には入れませんでした。

年	小児殺
子	八白土星
丑	九紫火星
寅	二黒土星
卯	三碧木星
辰	五黄土星
巳	六白金星
午	八白土星
未	九紫火星
申	二黒土星
酉	三碧木星
戌	五黄土星
亥	六白金星

月	陽の年	陰の年
2月	中央	南
3月	北西	北
4月	西	南西
5月	東北	東
6月	南	東南
7月	北	中央
8月	南西	西北
9月	東	西
10月	東南	東北
11月	中央	南
12月	北西	北
1月	西	南西

八　年盤別吉方位・凶方位

令和三年～十七年までの年盤に、何人にとっても凶方位に当たる、
1、暗剣殺　2、五黄殺　3、歳破の三大凶殺と、7、定位対冲を表示しました。
4、本命殺　5、本命的殺は、本命星早見表で自分の本命星を確認してください。
6、月破は、月の十二支の正反対側の方位になりますので、その月の月破は避けてください。

吉方位論で、自分の本命星の五行にとって相剋に当たる、11、死気と12、殺気の方位は凶となります。残った方位から、自分の本命星にとって相生に当たる、8、生気（大吉）と9、比和（中吉）と10、退気（吉）を探して吉方位を取るのです。どうしても吉方位が取れない場合は、7、定位対冲を吉方位として取ります。

それでも吉方位が取れない場合は、吉方位はなく、それこそ八方塞がりで、残念ながらどこへも行けない年（月）ということになります。

令和三年の年盤（辛丑年）

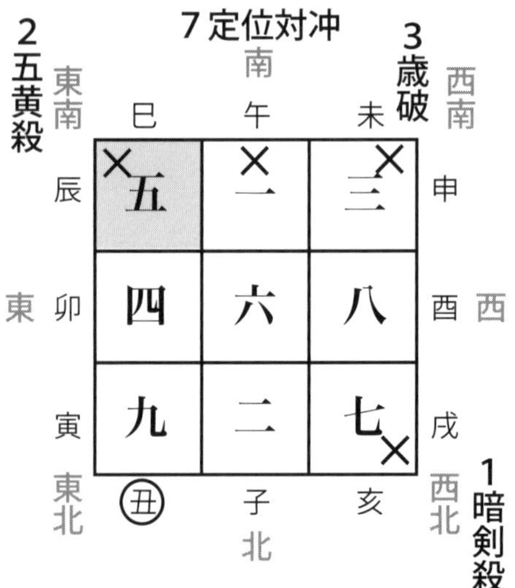

後天定位盤（これを基本にします）

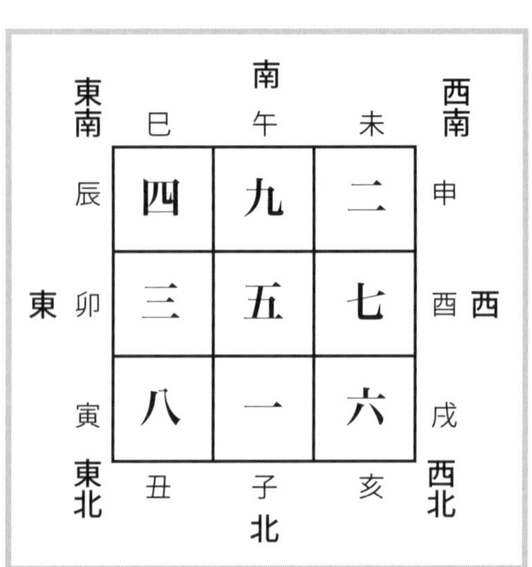

令和四年の年盤（壬寅年）

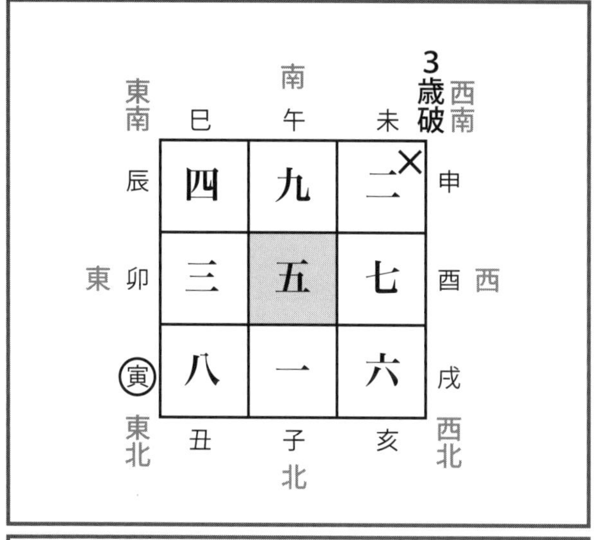

令和五年の年盤（癸卯年）

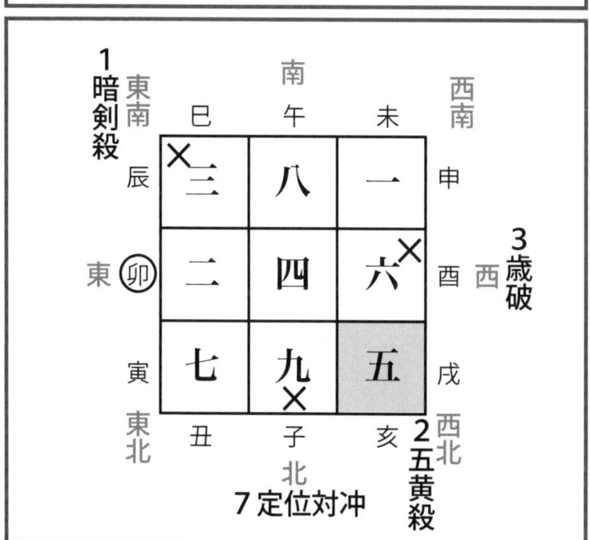

令和六年の年盤（甲辰年）

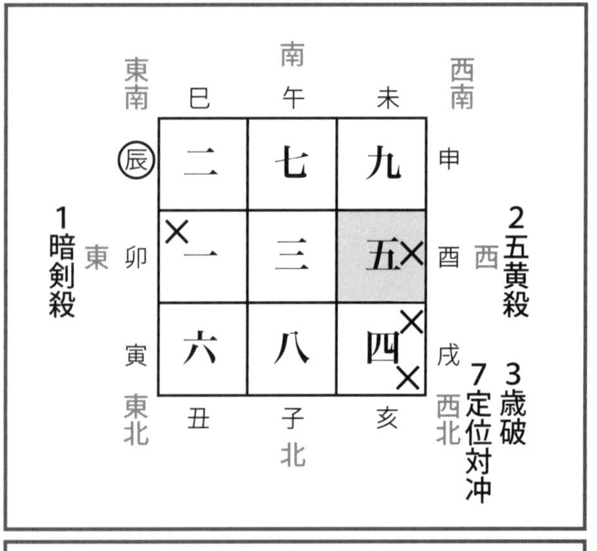

令和七年の年盤（乙巳年）

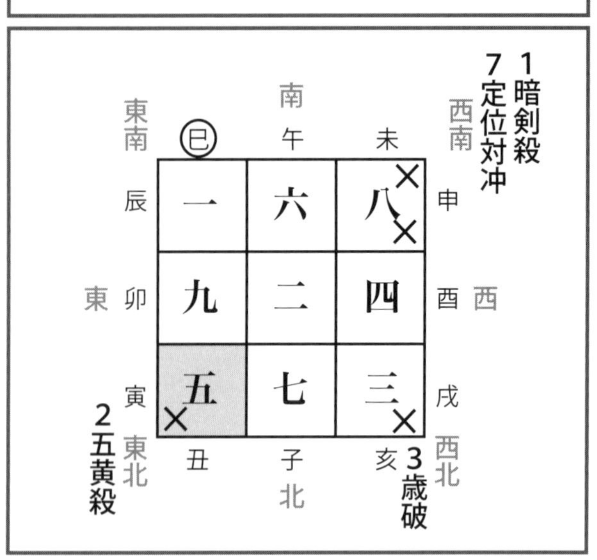

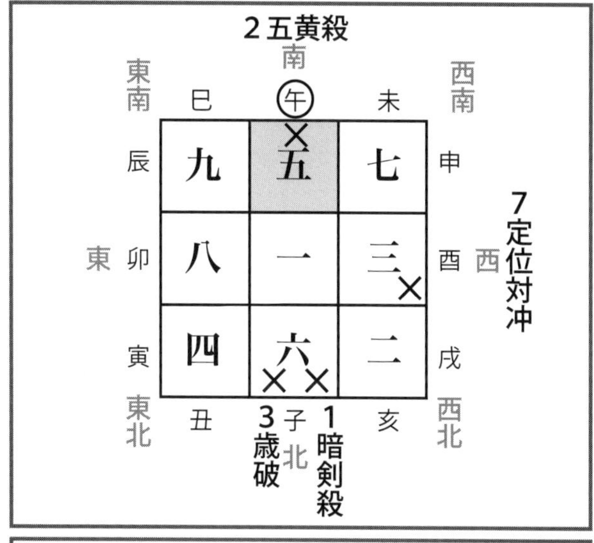

令和八年の年盤（丙午年）

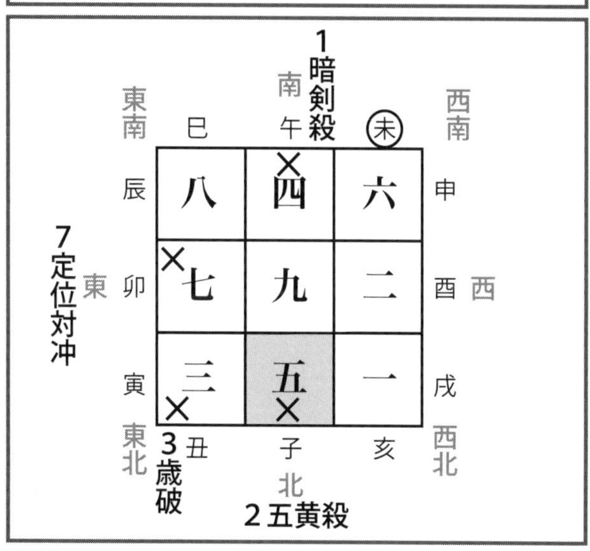

令和九年の年盤（丁未年）

令和十年の年盤（戊申年）

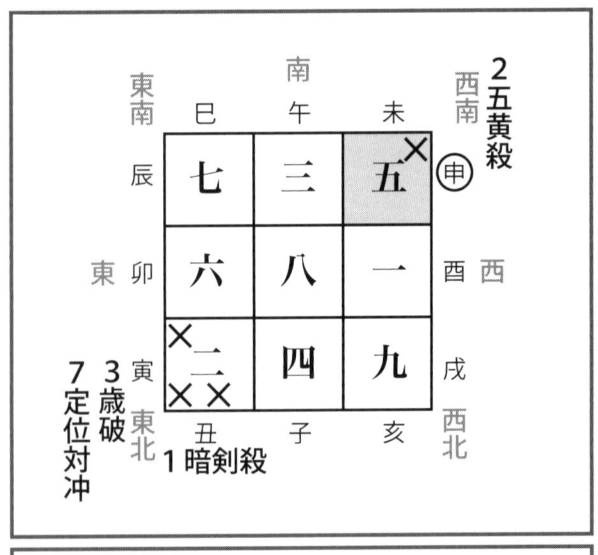

令和十一年の年盤（己酉年）

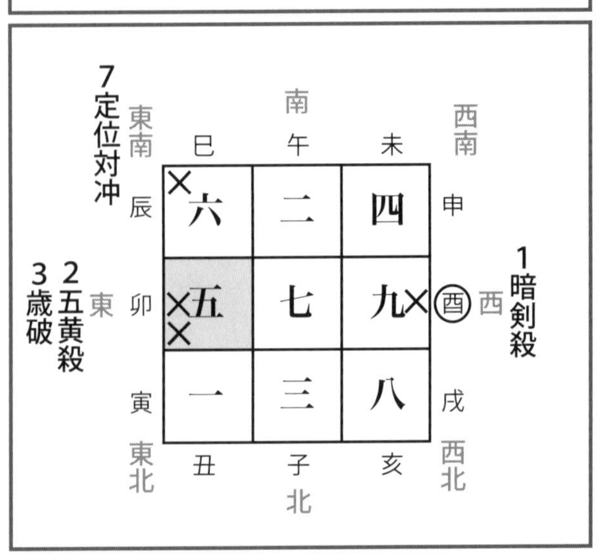

令和十二年の年盤（庚戌年）

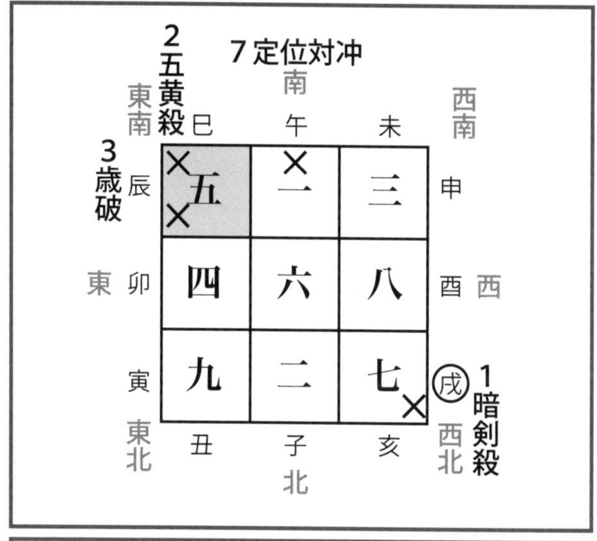

令和十三年の年盤（辛亥年）

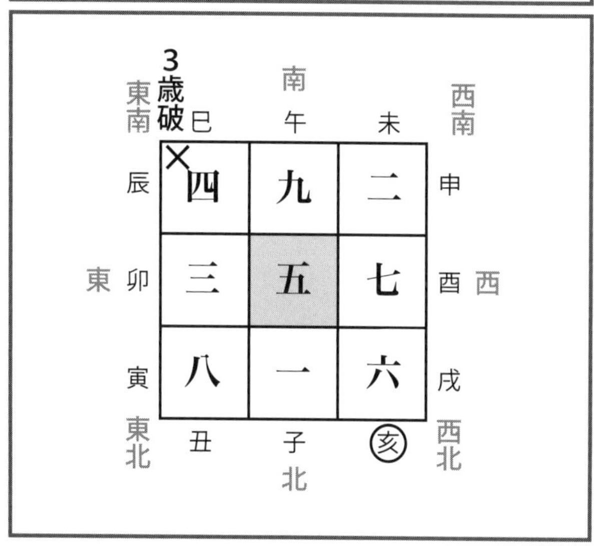

令和十四年の年盤（壬子年）

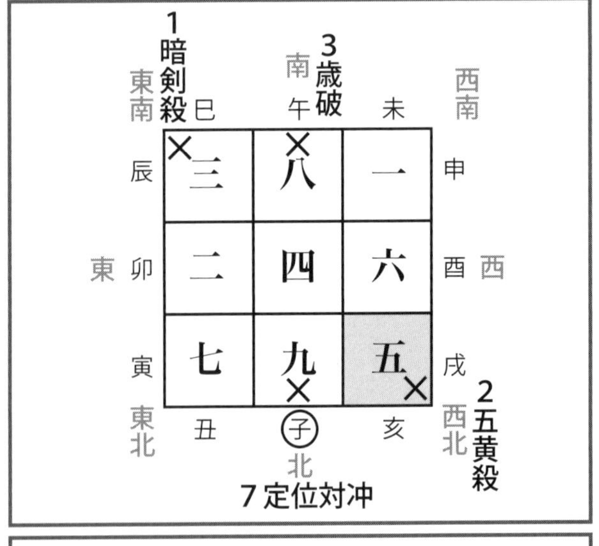

令和十五年の年盤（癸丑年）

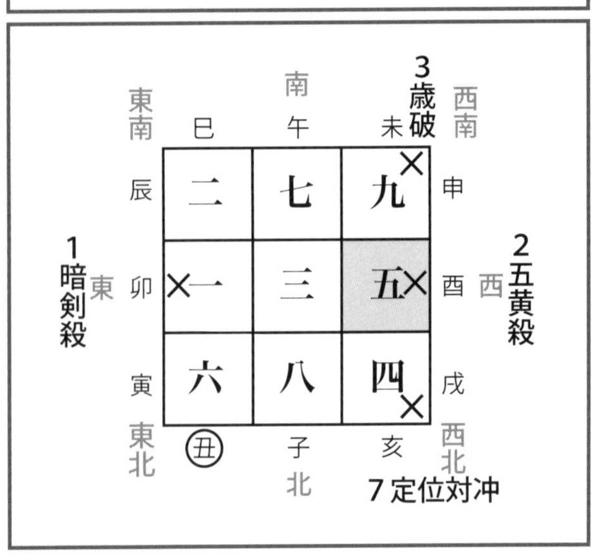

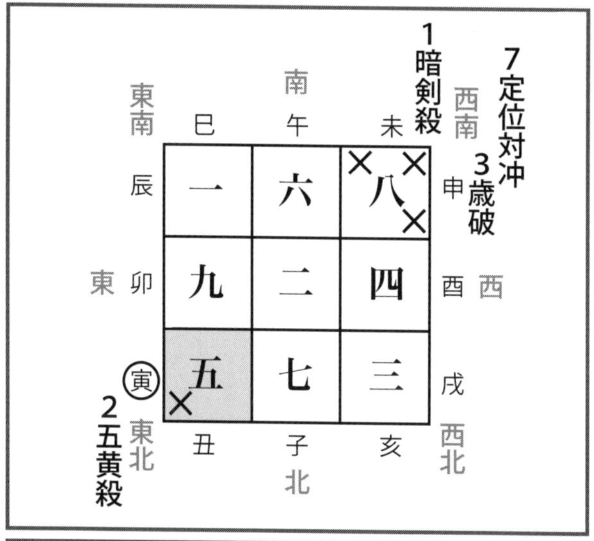

令和十六年の年盤（甲寅年）

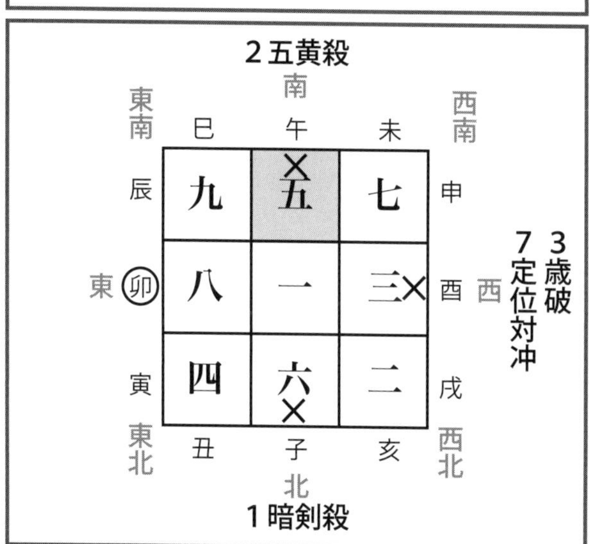

令和十七年の年盤（乙卯年）

九　方位別吉凶

方位	吉方位	凶方位
東	やる気が出る。発展する。新しい事業を始める。多忙になる。	やる気がなくなる。積極さが空回りする。新しい事業で失敗する。
西	金運が良くなる。楽しみ事が増える。交際が上手くなる。	金運が悪くなる。楽しみ事で散財する。言葉で相手を傷つける。
南	直感力が強くなる。評価が得られる。注目を浴びる。打つ手が当たる。	直感が冴えなくなる。評判が悪くなる。裏目に出る。ミスを犯す。
北	対人関係が良くなる。仕事を始める。子宝に恵まれる。	対人関係が悪くなる。新たな仕事で失敗する。色情問題に注意。
東北	良い変化があらわれる。財産に恵まれる。相続問題が解決する。	悪い変化があらわれる。財産を失う。相続問題で悩む。
西南	働く意欲が出る。努力が認められる。不動産運が良くなる。	働く意欲を失う。努力が報われない。不動産で損失する。
東南	信用を得られる。交際運が良くなる。良い縁ができる。	信用を失う。交際運が悪くなる。悪い縁ができる。
西北	目上に引き立てられる。事業運が良くなる。勝負運がつく。	目上と衝突する。事業で失敗する。勝負に負ける。

十　九星の方位別吉凶

九星のどの方位に行けば、どういう吉凶作用が生じるのかを表示したのが、九星の方位別吉凶です。

例えば、一白水星の吉方位（吉方位論で生気、比和、退気の方位）をとったら、どんな吉作用が生じるのかを表示しました。

そして、同じ一白水星の方位であっても、北の坎宮だったら、どういう吉凶作用が生じ、南西の坤宮だったら、どういう吉凶作用が生じるのかを、一白水星から九紫火星までを九星別に表示しました。

五黄土星

四	九	二
三	五	七
八	㊀	六

坎宮

吉方位　新しい交際が始まる。取引で利益を得る。友人との仲が復活する。地位や人気の上昇がある。隠れた喜び、部下の喜びがある。思考力がアップする。

凶方位　人の策謀にのせられる。部下より損害を受ける。色情問題が起こる。

四緑木星

三	八	㊀
二	四	六
七	九	五

坤宮

吉方位　交際が拡大する。営業状態が良くなる。商売が繁盛する。就職ができる。良縁が成就する。恋愛が復活する。内助の功がある。

凶方位　貧困となる。不動産を失う。失業する。夫婦不和となる。

三碧木星

二	七	九
ア㊀	三	(五)
六	八	四

震宮

吉方位　「暗剣殺」となり、吉方位にはなりません。

凶方位　対人関係でトラブルになる。突発的な出来事に遭う。色情問題が起こる。

二黒土星

㊀	六	八
九	二	四
五	七	三

巽宮

吉方位　遠方の取引で利益を得る。信用が増大する。遠方の人との交友関係が親密になる。縁談に恵まれる。

凶方位　信用が失墜する。色情がらみの事件に巻き込まれる。縁談が決まらない。

六白金星

五	㊀	三
四	六	八
九	二	七

離　宮

凶方位：社会的信用、名誉を失う。喧嘩やもめ事が起こる。文書、証書、印鑑などでのトラブルが起こる。

吉方位：目下との新たな交際が始まる。社会的信用が得られる。名誉を得る。目先が利くようになる。

七赤金星

六	二	四
五	七	九
㊀	三	八

艮　宮

凶方位：相続問題などが出る。計画の甘さから失敗する。不動産の目減りや損失がある。色情のトラブルに見舞われる。

吉方位：親戚、知人の援助が得られる。現状を打開する。転職、転業のチャンス。相続、後継者に恵まれる。

八白土星

七	三	五
六	八	㊀
二	四	九

兌　宮

凶方位：色難により浪費、散財する。誤解により愛情にヒビが入る。性的な問題やセックスの不一致が起こる。

吉方位：金融の道が開け、収入が増す。飲食の機会が多くなる。趣味や社交場での交友ができる。恋人、夫婦間の愛情が深まる。

九紫火星

八	四	六
七	九	二
三	五	㊀

乾　宮

凶方位：大きなことや新規なことで失敗する。自信過剰で対人関係に亀裂が入る。失脚する。株、相場で失敗する。

吉方位：洞察力、統率力、独立心が増大する。成果が上がる。目上の引き立てや援助が得られる。交友が広がる。昇進、栄転ができる。

六白金星

五	一	三
四	六	八
九	㊁	七

坎宮

吉方位

新しい交際、取引ができる。古い友人との再会、交際がある。やる気が出る。良い目上や良い部下がつく。勤労意欲が湧く。

凶方位

計画が挫折する。貧困、失業の苦しみを味わう。縁談が不調となる。土地問題で損害が出る。

五黄土星

四	九	㊁
三	五	七
八	一	六

坤宮

吉方位

健康、子宝に恵まれる。目上の引き立てがある。勤務状態が安定する。働き甲斐が出る。

凶方位

怠け癖がつく。勤務状態が悪化する。失業する。営業、商売が不振となる。家庭内のもめ事が起こる。

四緑木星

三	八	一
㊁	四	六
七	九	五

震宮

吉方位

活動的になる。営業成績が向上する。生産力が倍増する。土地に対する喜びあり。縁談、商談、後援者に恵まれる。

凶方位

怠け者となる。希望を失う。煮え切らなくなる。猛進して失敗する。詐欺に遭う。

三碧木星

㊁	七	九
一	三	五
六	八	四

巽宮

吉方位

天職に就く。就職への喜びがある。社会的信用を得る。良妻をめとる。不動産売買で利益を得る。商売が繁盛する。

凶方位

遠方の取引が不振となる。努力が無駄になる。社会的信用を落とす。財産を失う。

九星	盤	宮	吉方位	凶方位
一白水星	九 五 七 八 一 三 四 六 ⓶	乾宮	公共的なことに関係して社会的信用を増大させる。役職など人の長に立つ。大事業に着手し実行する。大会社に就職する。子宝に恵まれる。	上司や目上とのいざこざが起こる。社会的信用、資本を失う。投資などで失敗する。
九紫火星	八 四 六 七 九 ⓶ 三 五 一	兌宮	予期せぬ喜びや利益を得る。金銭上の喜びがある。恋愛の喜びがある。地道な努力が評価される。	失業したり、借金したりと金銭で苦労する。浮気、不倫の発覚や腐れ縁となる。
八白土星	七 三 ⑤ 六 八 一 ア⓶ 四 九	艮宮	「暗剣殺」がつくので、吉方位にはなりません。	人に憎まれる。親しかった人と疎遠になる。親族間や子どものことで紛争が起こる。古い事件での論争が起こる。
七赤金星	六 ⓶ 四 五 七 九 一 三 八	離宮	直感やアイデアがわく。仕事や学問、研究、芸術などで名を挙げる。地位のある人との交際ができる。不動産に関することで喜びがある。	損害を被る。文書、証書、印鑑などのトラブルが起こる。不動産を失う。勉強嫌いになる。

七赤金星

六	二	四
五	七	九
一	㊂	八

坎宮

吉方位	凶方位
新しいことが始まる。新規交際が進む。交際運が上昇する。良縁が得られる。部下の協力が得られる。裏面工作が成功する。	男女関係が悪化する。浮気や不倫、不純な交遊関係ができる。詐欺に遭う。裏面工作で損失を被る。

六白金星

五	一	㊂
四	六	八
九	二	七

坤宮

吉方位	凶方位
仕事上の喜びがある。部下がよく働くようになる。目上の引き立てがある。土地に関して喜びあり。他人の援助で成功する。	部下の協力が得られない。信用を落とす。怠け癖がつく。強欲になる。争いや紛争が起こる。

五黄土星

四	九	二
㊂	五	七
八	一	六

震宮

吉方位	凶方位
目標が達成される。信用が増大する。人気が出る。雄弁になる。実績や才能が認められる。リーダーシップを発揮する。	舌禍により信用を失う。連絡の行き違いに注意。紛争を起こす。

四緑木星

㊂	八	一
二	四	六
七	九	(五)

巽宮

吉方位	凶方位
「暗剣殺」がつくので、吉方位にはなりません。	一時的な繁栄で不振に陥る。口論が多く信用を失う。縁談が破談となる。

二黒土星

一	六	八
九	二	四
五	七	㊂

乾　宮

吉方位　大事業や新規事業を計画し実行できる。発明、発見で成功する。目上の引き立てが得られる。

凶方位　事業や新規ごとで損失する。やり過ぎて失敗する。一攫千金を夢見て失敗する。散財する。

一白水星

九	五	七
八	一	㊂
四	六	二

兌　宮

吉方位　収入の増加で喜ぶ。不動産の喜びあり。愛情の喜びがある。新規事業が転機になる。

凶方位　新規ごとで失敗する。言葉の誤解を招く。金銭上で損失する。恋愛は破局になる。

九紫火星

八	四	六
七	九	二
㊂	五	一

艮　宮

吉方位　改革の気が働く。新たなことが始まる。家屋に関する喜びがある。疎遠の人との仲が復活する。相続関係が良くなる。縁談の話が出る。

凶方位　親戚、知人と疎遠になる。蓄財がなくなる。縁談を諦める。

八白土星

七	㊂	五
六	八	一
二	四	九

離　宮

吉方位　改良、改善の気が働く。発明、発見で功をなす。新たな分野へ進出する。才能が認められる。目上からの引き立てが増す。善悪が表面化する。

凶方位　親しい人と交際が途切れる。友人ができて散財する。新しいことで損失する。公難、訴訟のもつれがある。

八白土星

七	三	五
六	八	一
二	㊃	九

坎　宮

吉方位：商売繁盛。繁栄に向かう。信用が増す。遠方の取引に利あり。部下に恵まれる。交際が拡大する。良縁に恵まれる。

凶方位：営業が失敗する。部下により損害を被る。遠方の取引で損失が出る。秘密ごとが露見する。決断力が衰える。色情問題が起こる。

七赤金星

六	二	㊃
五	七	九
一	三	八

坤　宮

吉方位：良い成果を得る。他人の援助で成功する。人気が上昇する。信用が増大する。新しい計画や新しい事業で成功する。

凶方位：営業などで手違いが起こる。事業が失速する。悪い交際から損害を受ける。世間の信用が失われる。

六白金星

五	一	三
㊃	六	八
九	二	七

震　宮

吉方位：チャンスが早期に到来する。遠方の取引で成果を得る。良縁が順調に進展する。積極的に行動して予想以上の成果を得る。信用と発展を得る。

凶方位：邪魔や策謀が入る。舌禍、思慮不足で失敗する。短気な行動で失敗する。交際上での失敗がある。言葉の行き違いや早合点がある。

五黄土星

㊃	九	二
三	五	七
八	一	六

巽　宮

吉方位：良縁に恵まれる。交際が拡大する。信用が増す。遠方の取引が進展する。

凶方位：縁談が不調となる。信用が失墜する。遠方の取引で損失を被る。

九紫火星		一白水星		二黒土星		三碧木星	
八 ア㊃ 六 七 九 二 三 ㊄ 一		九 五 七 八 一 三 ㊃ 六 二		一 六 八 九 二 ㊃ 五 七 三		二 七 九 一 三 五 六 八 ㊃	
離宮		艮宮		兌宮		乾宮	
凶方位	吉方位	凶方位	吉方位	凶方位	吉方位	凶方位	吉方位
営業が不振となる。部下のために損害を被る。文書、証書などでの問題が出る。婚約が破談となる。離婚や離別の悲しみを味わう。	「暗剣殺」がつくので、吉方位にはなりません。	新計画や目的が立ち消えになる。当てが外れる。親戚や知人と争いや紛争が起こる。	改革を断行して好結果を得る。新たな目的を実行して成功する。縁談が整う。取引関係と親密になる。親戚、知人との関係が順調となる。	食い違いや行き違いで失敗を招く。金銭上の損失がある。営業が不振となる。良縁が得られない。	金銭、物質面の喜びあり。趣味の楽しみが増す。恋愛、良縁の喜びがある。万事順調に進展する。信用が増大する。遠方からの喜びがある。	手を広げ過ぎて失敗する。損失を被る。新規ごとは失敗する。目上との争いが起こる。	何事も乗り越えられる。営業が拡大する。大事業を計画実行する。目上の引き立てを得る。投機で利益を得る。縁談が進行する。

	九紫火星	八白土星	七赤金星	六白金星
方位盤	八 四 六 七 九 二 三 ㊄ 一	七 三 ㊄ 六 八 一 二 四 九	六 二 四 ㊄ 七 九 一 三 八	㊄ 一 三 四 六 八 九 二 七
宮	坎　宮	坤　宮	震　宮	巽　宮
吉方位	「五黄殺」がつくので、吉方位にはなりません。	「五黄殺」がつくので、吉方位にはなりません。	「五黄殺」がつくので、吉方位にはなりません。	「五黄殺」がつくので、吉方位にはなりません。
凶方位	仕事が閑散となる。人に疎んじられる。敬遠される。部下の背信、裏切りに遭う。旧知、旧友から損害を被る。不純な恋に陥る。	不動産で損失する。営業が不振となる。旧友のことで失敗する。家運が衰退する。	発展途中で挫折する。部下のために失敗する。営業が不振となる。旧友より損害を被る。	営業が不振となる。失敗や損害を受ける。家運が衰退する。交際で損害を被る。縁談が不調となる。

九星	盤	宮	凶方位	吉方位
一白水星	九 ㊄ 七 八 一 三 四 六 二	離宮	地位、名誉が傷つけられる。文書、証書、印鑑などでの問題や間違いが生じる。挫折や別離の悲しみを味わう。	「五黄殺」がつくので、吉方位にはなりません。
二黒土星	一 六 八 九 二 四 ㊄ 七 三	艮宮	営業が閑散となる。人から敬遠される。家族間の反目が起こる。財産争いが生じる。知己が離反する。	「五黄殺」がつくので、吉方位にはなりません。
三碧木星	二 七 九 一 三 ㊄ 六 八 四	兌宮	金儲けで禍いが生じる。金銭の諸問題が起こる。不動産で損失を招く。色難、色情に遭う。	「五黄殺」がつくので、吉方位にはなりません。
四緑木星	三 八 一 二 四 六 七 九 ㊄	乾宮	新たな事業や仕事で失敗する。拡張して失敗する。投資、相場で損失が出る。公難や争いが生じる。	「五黄殺」がつくので、吉方位にはなりません。

一白水星

九	(五)	七
八	一	三
四	(六)	二

坎宮

吉方位	凶方位
「暗剣殺」がつくので、吉方位にはなりません。	身分不相応なことを計画して失敗する。不遜と放漫が起こる。部下の策謀にかかる。遊興で浪費が重なる。新たな交際で失敗する。

九紫火星

八	四	(六)
七	九	二
三	五	一

坤宮

吉方位	凶方位
努力の甲斐あって良好に向かう。新たな希望や目的を持ち実行に移す。不動産のことで利益を得る。人の引き立てや協力によって成功する。	実行したことが裏目に出る。不動産で損害を被る。職務、職業上の不利が生じる。一攫千金を夢見て大損害を受ける。引き立てを受けられない。

八白土星

七	三	五
(六)	八	一
二	四	九

震宮

吉方位	凶方位
新規事業、新たな交際取引が進む。地位が向上する。事業、商売が発展する。援助や助言が得られ発展する。家運が発展する。	援助が打ち切られる。採算割れになる。うまい話に乗り損をする。大きなことや新たな計画で失敗する。良縁が得られなくなる。

七赤金星

(六)	二	四
五	七	九
一	三	八

巽宮

吉方位	凶方位
仕事についての喜びあり。遠方の取引で利あり。信用を得て繁栄する。良縁に恵まれる。	仕事、取引、投資、信用問題などが衰退に向かう。遠方の取引で損害を被る。諸事情が渋滞する。

	二黒土星	三碧木星	四緑木星	五黄土星
盤	一 (六) 八 九 二 四 五 七 三	二 七 九 一 三 五 (六) 八 四	三 八 一 二 四 (六) 七 九 五	四 九 二 三 五 七 八 一 (六)
宮	離　宮	艮　宮	兌　宮	乾　宮
凶方位	見込み違いによる失敗が起こる。浪費や散財で失敗する。縁談が悪縁となる。文書、証書、印鑑などのミスが生じる。	左遷させられ失脚する。分不相応なことをして失敗する。親戚、知人と疎遠になる。援助や助言が得られず失敗する。	遊び癖がつく。浪費、色難に遭う。金運に見放される。事業が行き詰まる。援助や助言が得られない。	損失を被る。大きな計画を実行して失敗する。目上の援助や引き立てが受けられない。
吉方位	頭脳明晰となりアイデアがわく。公職や名誉職に就く。援助を受けて繁栄する。新たな仕事が好評になる。家運が隆盛となる。	地位、財産のある人と交際ができる。援助や助言が得られ成功へ近づく。改革、革新して前進する。恋愛が進展していく。	信用が増大する。金運が向上する。援助や助言を得られる。地位、財産のある人と交際ができる。恋愛が進展する。	利益を上げて財を成す。人の上に立つ。大きい計画を実行できる。目上の援助、引き立てが受けられる。名誉や地位が向上する。

七赤金星の方位別吉凶

	二黒土星	一白水星	九紫火星	八白土星
盤	一 六 八 九 二 四 五 ㊆ 三	九 五 ㊆ 八 一 三 四 六 二	八 四 六 ㊆ 九 二 三 五 一	㊆ 三 五 六 八 一 二 四 九
宮	坎宮	坤宮	震宮	巽宮
吉方位	人気が出る。良い交際が生まれる。良縁に恵まれる。金運が良好になる。隠れた楽しみができる。	新規の営業や新たなことが始まる。営業が繁栄する。栄達の道が開ける。物質的に恵まれる。家庭が円満になる。不動産で利益を得る。	新たなことが進展する。上司に恵まれる。地位、昇進に恵まれる。恋愛や良縁に恵まれる。金銭の喜びがある。	営業が進展する。上司の引き立てを受けて出世、昇進する。信用が増大する。遠方の取引に恵まれる。縁談が順調に運ぶ。
凶方位	悪い交際ができ損失を招く。浪費して財産を失う。金融上の失敗を被る。色難、色情に遭う。良縁が得られない。	紹介、仲介などで禍いが起こる。金銭上の損害を被る。浪費癖がつく。古い情事が露見する。新しいことを計画、実行して損失を招く。	目的達成できず失敗する。社会的打撃を受ける。信用をなくし損失を被る。悪評が立つ。浮気、不倫などが露見する。	営業、信用、取引、縁談、金銭などで当てが外れる。左遷や失業に遭う。色難に注意。家運が衰退する。

三碧木星		四緑木星		五黄土星		六白金星	
二 ㊆ 九 / 一 三 五 / 六 八 四 離　宮		三 八 一 / 二 四 六 / ㊆ 九 五 艮　宮		四 九 二 / 三 五 ㊆ / 八 一 六 兌　宮		㊄ 一 三 / 四 六 八 / 九 二 ㊆ 乾　宮	
凶方位	吉方位	凶方位	吉方位	凶方位	吉方位	凶方位	吉方位
悪縁が生じ良縁が去る。悪事が露見する。金銭上のトラブルや異性問題が発生する。	良縁が生じ悪縁が去る。援助や助言を得て幸運を得る。金運が良好になる。目先が利くようになる。	家庭紛争や愛情問題のトラブルがある。友人、同僚と反目する。遊興にふける。金銭上のもめごとが起こる。浪費癖が出る。	家庭円満の喜びがある。愛情問題が好転する。悪縁が清算される。土地、家屋の取引に恵まれる。金銭上の喜びがある。	行き違い、食い違いが生じる。金銭上の浪費が出る。トラブルや損失を被る。異性問題が起こる。	金銭上の恩恵を受ける。昇進の喜びがある。営業で利益を得る。会食、宴会の楽しみがある。恋愛や縁談の喜びごとがある。	家の主人に悪影響を及ぼす。異性問題のトラブルに注意。金銭上の紛争、損失が起こる。	「暗剣殺」がつくので、吉方位にはなりません。

三碧木星

二	七	九
一	三	五
六	(八)	四

坎宮

吉方位
隠れた友人や陰の援助者に恵まれる。新たな交際、取引が生じる。土地、家屋で利益を得る。相続人を得られる。

凶方位
家庭内紛争が起こる。異性関係の誘惑に負ける。浪費して貯蓄が底をつく。新たな交際で失敗する。

二黒土星

一	六	(八)
九	二	四
(五)	七	三

坤宮

吉方位
「暗剣殺」がつくので、吉方位にはなりません。

凶方位
経営困難や営業不振となる。廃業、破産、倒産に追い込まれる。預貯金がなくなる。不動産関係の紛争が起こる。

一白水星

九	五	七
(八)	一	三
四	六	二

震宮

吉方位
物事すべてが躍進する。現状打開で発展する。家運が隆盛に向かう。社会的地位が向上し信用を得る。営業、取引、交際などで新分野が開ける。

凶方位
方針を変更したり、急進的にことを計画実行して失敗する。現状打開が裏目に出る。欲を出して失敗する。家運が衰退する。

九紫火星

(八)	四	六
七	九	二
三	五	一

巽宮

吉方位
良い理解者、援助、協力を得られる。信用が増大する。一時停滞していた話が復活する。交渉が進展する。良い縁談に恵まれる。

凶方位
諸事渋滞する。部下のために評判を落とし信用を失う。金銭的な損害を被る。縁談が停滞しまとまらない。

四緑木星	五黄土星	六白金星	七赤金星
三 ㊇ 一 二 四 六 七 九 五	四 九 二 三 五 七 ㊇ 一 六	五 一 三 四 六 ㊇ 九 二 七	六 二 四 五 七 九 一 三 ㊇
離　宮	艮　宮	兌　宮	乾　宮

	凶方位	吉方位
四緑木星	改革したことが悪となる。経営不振に陥り失敗を招く。離別や生死別が起こる。文書、証書、印鑑などで問題が生じる。	交際によって喜びを得る。新しい計画や改革が良い結果を生む。同僚の協力が得られる。栄転や昇進ができる。学力が向上する。
五黄土星	事業が停滞する。中途で挫折する。金銭が回収不能となる。計画が立ち消えとなる。失業、廃業、倒産に見舞われる。	現状を打破して成功する。不動産で利益を上げる。発明、発見で利益を得る。
六白金星	金銭の損失を被る。職業を変えて失敗する。欲張りすぎて損をする。金銭上のトラブルに見舞われる。恋愛や縁談などの行き詰まりがある。	金銭的に恵まれる。友人知人との交際で喜びあり。良い恋愛ができる。結婚や縁談に恵まれる。家庭的な喜びごとあり。
七赤金星	自我を押し通して失敗を招く。挽回しようとして失敗を大きくする。投資、相場などで失敗する。	何事にも大きなことを望むようになる。事業は好調で財産も増える。目上の引き立てを受けて成功する。金運、信用とも向上する。

九星	方位盤	宮	吉方位	凶方位
一白水星	九 五 七 八 一 三 四 六 二	巽宮	営業、取引、縁談など、すべて順調に進行する。遠方との取引が好成績を収める。家運が隆盛となる。社会的信用、名声を得る。	遠方との取引で損害を被る。迷いから金運を逃す。契約事、交渉事、縁談が破談する。
二黒土星	一 六 八 九 二 四 五 七 三	震宮	物事が進展する。新しいことが好結果を生む。才能が認められる。目上との交際や取引ができる。積極的に働くようになる。	計画を実行して失敗を招く。詐欺に遭う。色情に負けて信用を失う。虚栄心や見栄で身を滅ぼす。
三碧木星	二 七 九 一 三 五 六 八 四	坤宮	新しい目的に向かって前進する。仕事に対する成果が得られる。目上の援助が得られる。土地、家屋に関する喜びが得られる。	営業が衰退する。トラブルが起こる。土地、家屋の失敗から不動産を失う。
四緑木星	三 八 一 二 四 六 七 九 五	坎宮	新しい援助者が出現する。新事業を開発する。新しい目的ができて、良い成績が得られる。美男美女との交際ができる。	交際で損失を受ける。異性関係が悪縁となる。良い交際と縁が切れる。何事も渋滞する。家庭内紛争が起こる。

	八白土星	七赤金星	六白金星	五黄土星
方位盤	七 三 五 六 八 一 二 四 九	六 二 四 五 七 九 一 三 八	五 一 三 四 六 八 九 二 七	四 九 二 三 五 七 八 一 六
宮	乾　宮	兌　宮	艮　宮	離　宮
吉方位	新しく大きな事業を企画実行して成功する。目上の引き立てや援助がある。地位、名誉を獲得し昇進する。	「暗剣殺」がついているので、吉方位にはなりません。	何事も一新される。悪い因果、交際を清算する。変化変動が幸運を招く。不動産で良い結果が得られる。	目上の引き立てや援助を受けて幸運を得る。研究の成果があらわれる。良縁に恵まれる。離合集散現象の良い面があらわれる。
凶方位	自信過剰により失敗を招く。文書や印鑑などでの問題が生じる。公難を招き不利な立場に追い込まれる。	物心両面の損害を受け苦境に陥る。文書に関することで損害、公難が生じる。口約束で失敗を招く。	諸事渋滞する。当てが外れる。悪い交際を招き損失が出る。文書の間違いなどの公難を生じる。変化変動が起こり、善が悪に変化する。	何事も不調をきたし、行き違い、食い違いが生じる。つまずきや失敗を起こす。有能な人材や親しい人との別離がある。

十一　神社仏閣に吉方位・凶方位はあるのか

日本の総氏神といわれて、125社の宮社を管理している伊勢神宮。いわゆる「お伊勢さん」にお参りするのに、今年は自宅からの方位が悪いので見合わせたほうがいいのかということです。

天皇陛下や皇室の方々、内閣総理大臣や閣僚級の方たちなど、毎年恒例行事のように参拝されています。そのなかで、どうみても明らかに凶方位にあたっている方もおられるのです。そして、凶方位にお参りしたから悪いことが起こっているのかというと、けっしてそんなことはありません。

そうです。吉方位・凶方位は、この世に生きている人やモノや場所の影響を受けるもので、神社仏閣には基本的に方位はないのです。お墓の場所は決まっていますし、毎年吉方位のお墓参りをするなんてことは現実的ではありません。

ただ、どの神社仏閣に行っていいかわからないという場合は、もちろん吉方位を取ればいいのです。そもそも「気学・方位学」は「人の気」をみるもので、この「人」とは「この世の人」の〝気〟ということなのです。

第五章

同会法

一　同会法とは

「同会法（どうかいほう）」とは、その年一年がどんな年かを判断する方法です。

毎年、今年はどんな運気なのかを書いた本が書店に並びます。これが「開運暦」で、高島易断さんなどから毎年発行されています。

「同会法」は、この「開運暦」に書かれている運気の見方を知る方法です。

後述しますが、具体的には、後天定位盤の上に、その年の年盤を乗せて、その年における社会状勢や個人の運気を判断する方法です。単純に、今年は六白金星だから、「今年の一年は六白金星の象意があらわれる年だ」という判断は取りません。気学はそんなに単純な見方をするものではないのです。気学で運気を判断するのは、「同会法」で見るのです。

二　同会とは

「同会」とは、盤を合わせることです。盤には、「後天定位盤」、「年盤」、「月盤」、「日盤」、「刻盤」の五種類があります。

「後天定位盤」の上に「年盤」を乗せて（合わせて）、その年を判断するのが「同会法」です。

令和三年を例にすると、「後天定位盤」の中宮にある五黄土星の上に、令和三年の「年盤」の中宮にある六白金星が乗る形になります。この上に乗っている六白金星を「同会」（乗同会）、下にある五黄土星を「被同会」（冠同会）と言います。また、「同会」することを「回座」するとも言います。

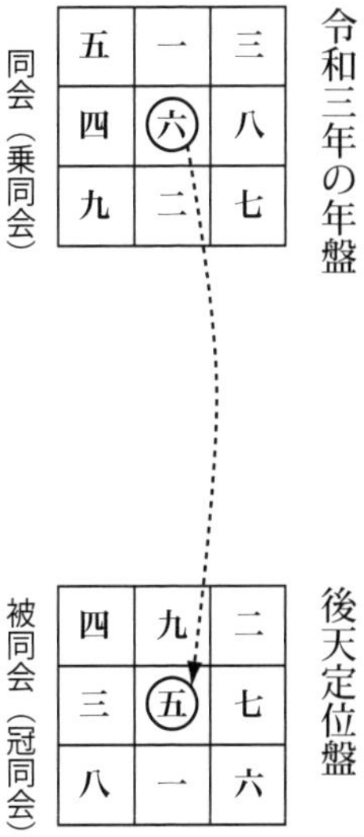

令和三年の年盤

五	一	三
四	⑥	八
九	二	七

同会（乗同会）

後天定位盤

四	九	二
三	⑤	七
八	一	六

被同会（冠同会）

三　同会法の取り方

令和三年を例に、同会法の取り方を説明します。

令和三年は、六白金星が中宮に入ります。

例えば、本命星が九紫火星の人にとっては、六白金星の年盤の中で、九紫火星は東北の艮宮に入ります。つまり、九紫火星の人は東北の艮宮に「同会する（回座する）」ことになるのです。そこで、九紫火星の人にとって令和三年の六白金星の年は、東北の艮宮（ごんきゅう）の象意が巡ってくることになるのです。

令和三年の年盤

後天定位盤

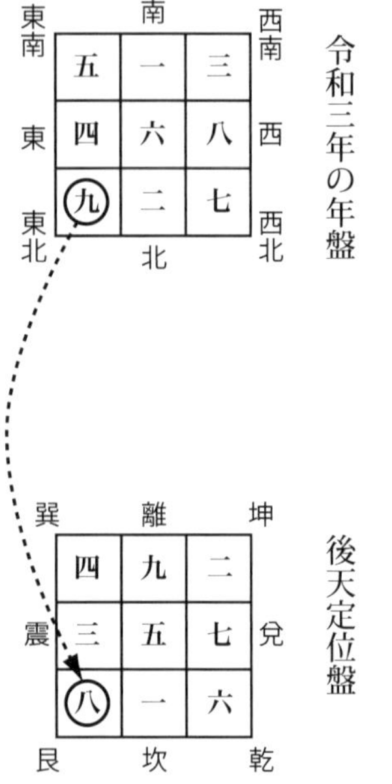

四　同会判断法

「後天定位盤」の上に「年盤」を乗せて、本年星が「年盤」で「後天定位盤」のどこに「同会」するかによって、その年の運気を判断することを「同会判断法」といいます。

「同会判断法」は、「後天定位盤」の上に「年盤」を乗せるのですが、「後天定位盤」のどの宮に「年盤」の九星が乗るかによって運気を判断するのです。

例えば、「後天定位盤」の中宮は五黄土星ですが、この五黄土星の中央に「年盤」が乗ることを五黄土星と「同会する」と言います。そして、五黄土星の中央に「同会する」九星は、真ん中に位置して動けないので、「八方塞がりで現状維持」という判断になるのです。また、「後天定位盤」の坎宮に当たる、一白水星の上に「同会する」九星は「本厄」に当たり大凶となります。そして、その前年の九紫火星の離宮に当たる、南に「同会する」九星が「前厄」、「本厄」の翌年の坤宮に当たる、二黒土星の西南に「同会する」九星が「後厄」となるのです。

一般的に、男の「厄年」は25歳、42歳、61歳、女の「厄年」は19歳、33歳、37歳（いずれも数え年）とされています。特に男の42歳と女の33歳を「大厄」とし、最も注意すべき年回りと考えられています。これは、坎宮に当たる一白水星の北に自分の本命星が「同会する」年にあたるからなのです。

厄年

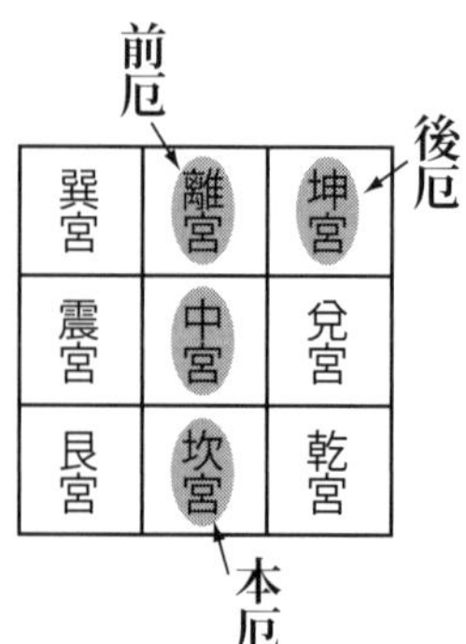

後天定位盤

東南		南		西南
	四	九	二	
東	三	五	七	西
	八	一	六	
東北		北		西北

中宮（ちゅうきゅう）
乾宮（けんきゅう）
兌宮（だきゅう）
離宮（りきゅう）
震宮（しんきゅう）
巽宮（そんきゅう）
坎宮（かんきゅう）
艮宮（ごんきゅう）
坤宮（こんきゅう）

五　吉運と凶運

「後天定位盤」の坤宮にあたる二黒土星の西南に「同会する」九星は、「後厄」となり凶なのですが、実はこの年は「吉運」のスタートでもあるのです。また、翌年の震宮にあたる三碧木星の東に「同会する」九星も「吉運」なのです。そして、翌年の巽宮にあたる四緑木星の東南に「同会する」九星が「大吉運」になるのです。

「後天定位盤」に「同会する」九星で、「吉運」となるものと「凶運」となるものを分けてみると次のようになります。ただし、実際には「同会する」九星との相性、相剋の関係によって多少異なった判断になります。

「吉運」となるもの……坤宮に当たる二黒土星の西南／震宮に当たる三碧木星の東
　　　　　　　　　　巽宮に当たる四緑木星の東南／乾宮に当たる六白金星の西北
　　　　　　　　　　兌宮に当たる七赤金星の西／離宮に当たる九紫火星の南

「凶運」となるもの……中宮に当たる五黄土星の中央／艮宮に当たる八白土星の東北
　　　　　　　　　　坎宮に当たる一白水星の北

吉運と凶運

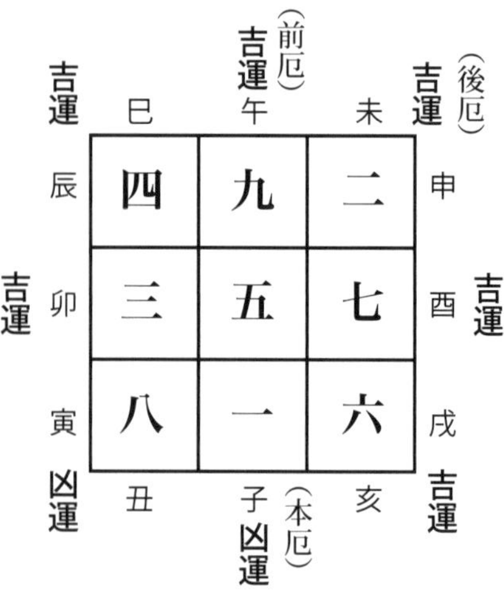

吉運
（前厄）
吉運
（後厄）
吉運
巳
午
未
辰
四
九
二
申
吉運
卯
三
五
七
酉
吉運
寅
八
一
六
戌
凶運
丑
子
（本厄）
凶運
亥
吉運

後天定位盤

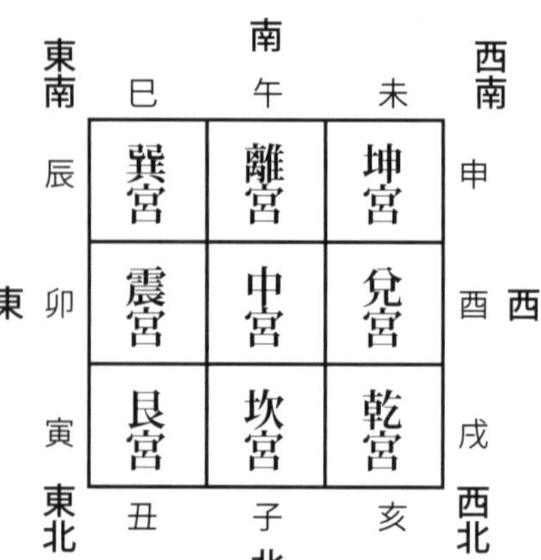

南
東南
西南
巳
午
未
辰
巽宮
離宮
坤宮
申
東
卯
震宮
中宮
兌宮
酉
西
寅
艮宮
坎宮
乾宮
戌
東北
丑
子
亥
西北
北

六　九星別同会判断法

後天定位盤

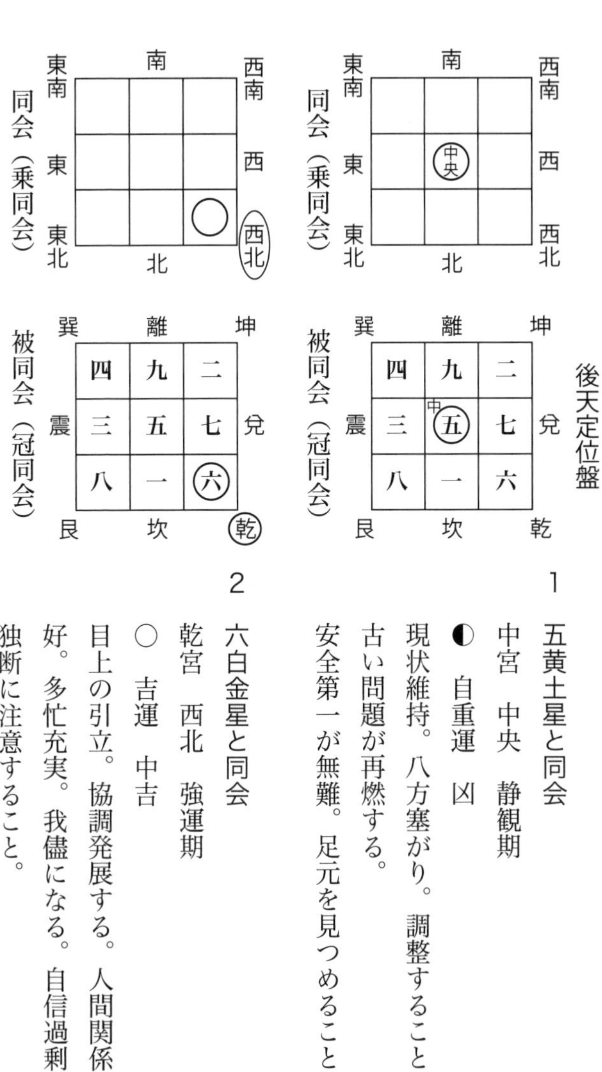

1　五黄土星と同会

中宮　中央　静観期

◐　自重運　凶

現状維持。八方塞がり。調整すること。古い問題が再燃する。安全第一が無難。足元を見つめること。

2　六白金星と同会

乾宮　西北　強運期

○　吉運　中吉

目上の引立。協調発展する。人間関係良好。多忙充実。我儘になる。自信過剰と独断に注意すること。

後天定位盤

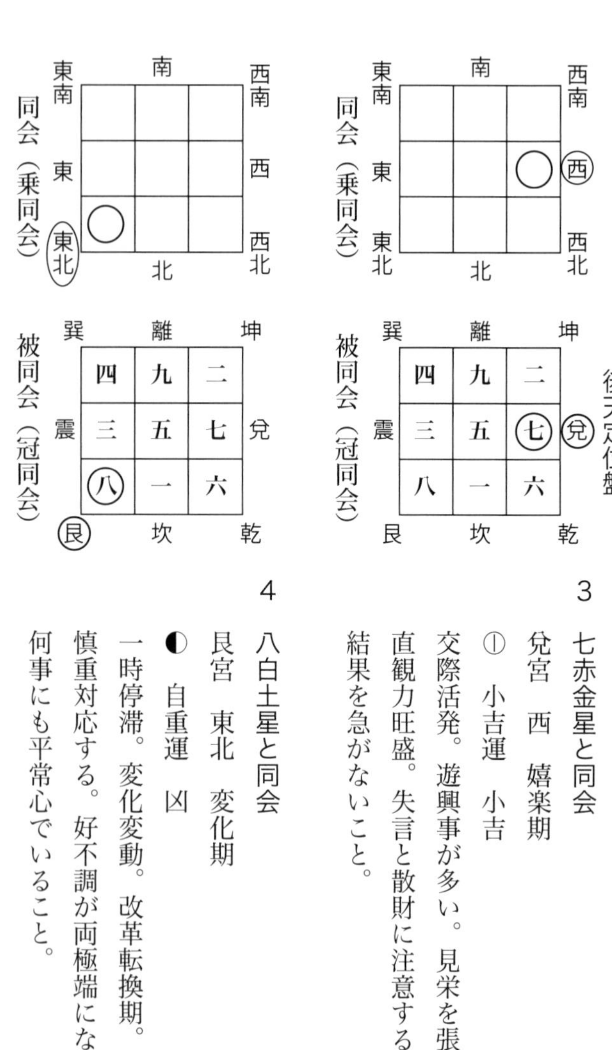

3　七赤金星と同会

兌宮　西　嬉楽期

⦶　小吉運　小吉

交際活発。遊興事が多い。見栄を張る。

直観力旺盛。失言と散財に注意する。

結果を急がないこと。

4　八白土星と同会

艮宮　東北　変化期

◐　自重運　凶

一時停滞。変化変動。改革転換期。

慎重対応する。好不調が両極端になる。

何事にも平常心でいること。

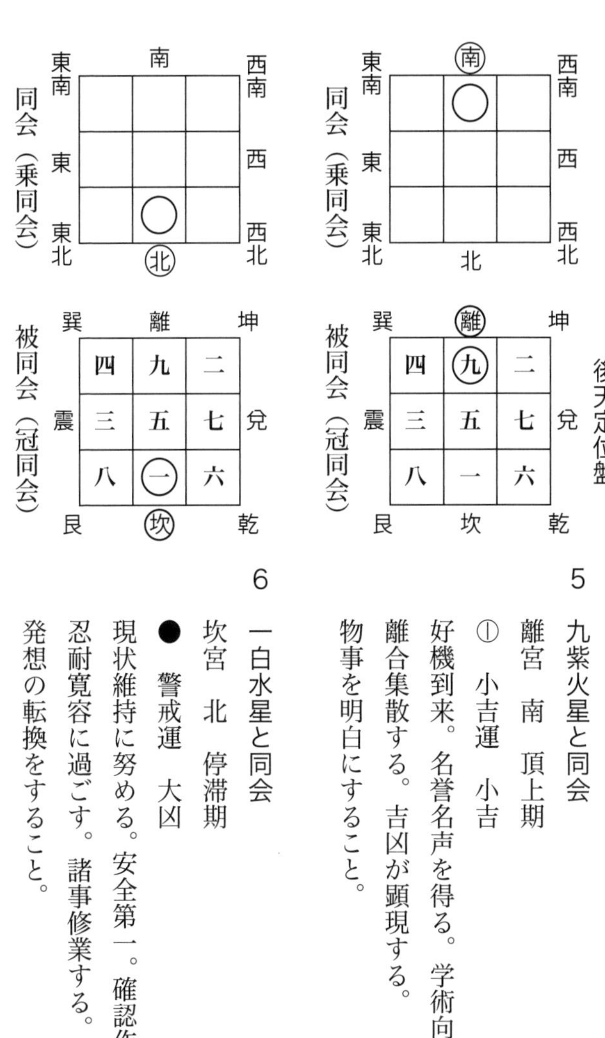

5

九紫火星と同会

離宮　南　頂上期

① 小吉運　小吉

好機到来。名誉名声を得る。学術向上。
離合集散する。吉凶が顕現する。
物事を明白にすること。

6

一白水星と同会

坎宮　北　停滞期

● 警戒運　大凶

現状維持に努める。安全第一。確認作業。
忍耐寛容に過ごす。諸事修業する。
発想の転換をすること。

後天定位盤

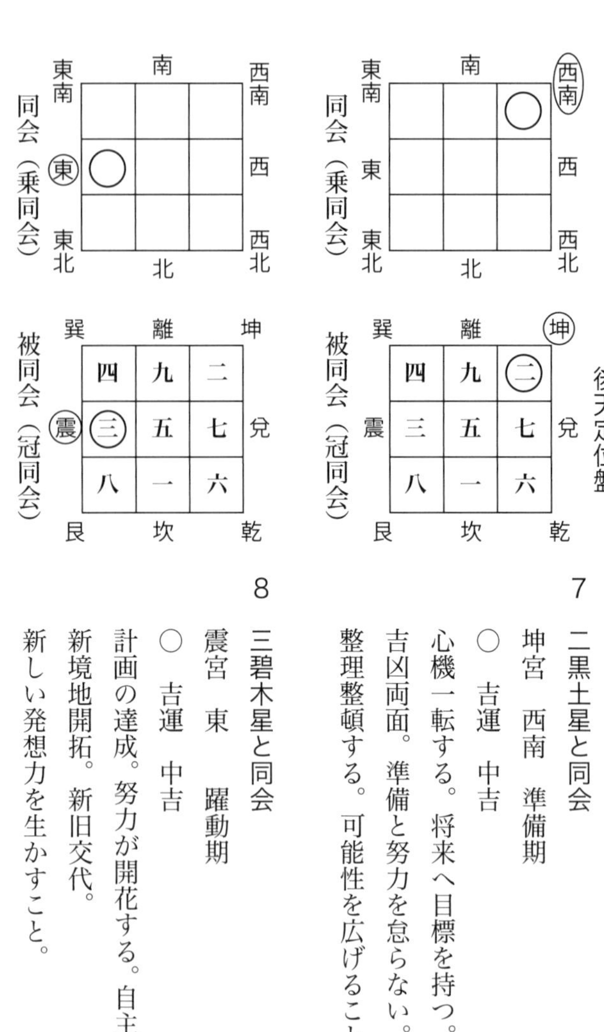

7

二黒土星と同会

坤宮　西南　準備期

○　吉運　中吉

心機一転する。将来へ目標を持つ。

吉凶両面。準備と努力を怠らない。

整理整頓する。可能性を広げること。

8

三碧木星と同会

震宮　東　躍動期

○　吉運　中吉

計画の達成。努力が開花する。自主独立。

新境地開拓。新旧交代。

新しい発想力を生かすこと。

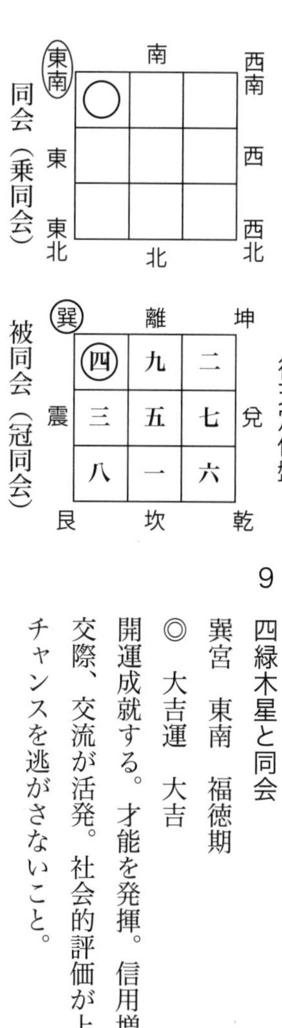

9

四緑木星と同会

巽宮　東南　福徳期

◎　大吉運　大吉

開運成就する。才能を発揮。信用増大。

交際、交流が活発。社会的評価が上昇。

チャンスを逃がさないこと。

後天定位盤

東南	南	西南
巽宮 **四緑木星** 福徳期 ◎大吉運 大吉 開運成就	離宮 **九紫火星** 頂上期 ⦶小吉運 小吉 好機到来	坤宮 **二黒土星** 準備期 ○吉運 中吉 心機一転
震宮 **三碧木星** 躍動期 ○吉運 中吉 計画達成	中宮 **五黄土星** 静観期 ◐自重運 凶 現状維持	兌宮 **七赤金星** 嬉楽期 ⦶小吉運 小吉 交際活発
艮宮 **八白土星** 変化期 ◐自重運 凶 変化変動	坎宮 **一白水星** 停滞期 ●警戒運 大凶 諸事修業	乾宮 **六白金星** 強運期 ○吉運 中吉 協調発展
東北	北	西北

（左：東／右：西）

◐中宮（ちゅうきゅう）
○乾宮（けんきゅう）
⦶兌宮（だきゅう）
◐艮宮（ごんきゅう）
⦶離宮（りきゅう）
●坎宮（かんきゅう）
○坤宮（こんきゅう）
○震宮（しんきゅう）
◎巽宮（そんきゅう）

七　月別同会判断法

「年盤」の上にその年の「月盤」を乗せて、本命星が「月盤」のどこに同会するかによって、その月の本命星のリズムを判断する方法です。

例えば、本命星が「三碧木星」の人の、令和三年の月のリズムを判断するとします。

令和三年の「年盤」の中宮にある「六白金星」の上に、二月の「月盤」の中宮にある「五黄土星」が同会することになります。

そして、本命星が「三碧木星」の人ですと、二月の「月盤」の震宮である東に、「三碧木星」が同会することになり、東の震宮の象意が巡ってくるのです。

つまり、二月は躍動期に入り、努力が開花する、計画を達成するといったリズムの月になるのです。また、一月はまだ前年に当たるので、年盤は令和二年の「七赤金星」になり、二月四日から令和三年の「六白金星」になるので注意が必要です。

また、令和三年（二月四日から）は「六白金星」が中宮に同会し、「三碧木星」は坤宮に同会します。

八　令和三年の月別同会判断法

本命星が「三碧木星」の人を例に、令和三年の月別同会判断法の取り方を説明します。

一月の月盤

1月5日～2月3日

巽	離	坤
五	一	③
四（震）	六	八（兌）
九	二	七
艮　丑	坎	乾

令和二年の年盤

東南	南	西南
六	二	④
五（東）	七	九（西）
一	③	八
東北	北	西北

丑

・一月は、四緑木星と同会（坤宮・西南・準備期の吉運で中吉）となります。

・年盤では一白水星と同会（坎宮・北・停滞期の警戒運で大凶）となります。

＊令和三年の二月三日までは令和二年の七赤金星中宮の年となります。

二月の月盤

2月4日～3月4日

巽	離	坤
四	九	二
③（震）	五	七（兌）
八	一	六
艮　寅	坎	乾

令和三年の年盤

東南	南	西南
五	一	③
④（東）	六	八（西）
九	二	七
東北	北	西北

寅

・二月は、四緑木星と同会（震宮・東・躍動期の吉運で中吉）となります。

・年盤では二黒土星と同会（坤宮・西南・準備期の吉運で中吉）となります。

＊令和三年の二月四日から令和三年の六白金星中宮の年となります。

3月5日～4月3日

三月の月盤

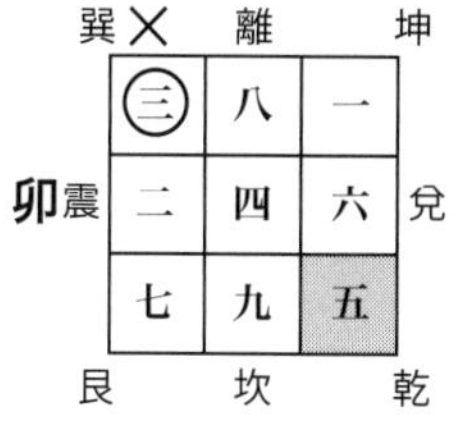

令和三年の年盤

	東南	南	西南	
	五	一	三	
東	四	六	八	西
	九	二	七	
	東北	北	西北	

卯

・三月は、五黄土星と同会（巽宮・東南・福徳期の大吉運で大吉）となります。

・三月は巽宮・東南が暗剣殺に入るので、大吉が中吉になります。

・年盤では二黒土星と同会（坤宮・西南・準備期の吉運で中吉）となります。

4月4日～5月4日

四月の月盤

令和三年の年盤

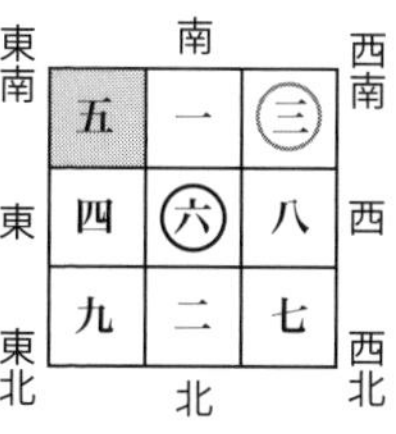

辰

・四月は、六白金星と同会（中宮・中央・静観期で凶）となります。

・年盤では二黒土星と同会（坤宮・西南・準備期の吉運で中吉）となります。

五月の月盤

5月5日〜6月4日

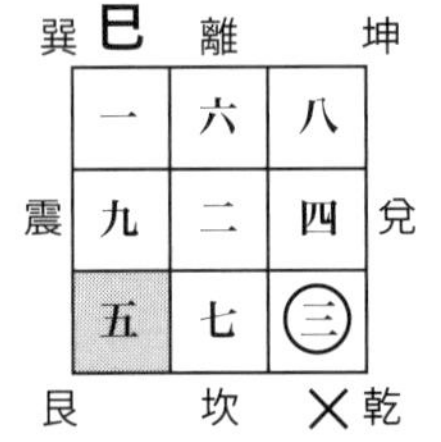

令和三年の年盤

東南	南	西南
五	一	㊂
四	六	八
九	二	㊆
東北	北	西北

（東：左、西：右）

巳

・五月は、七赤金星と同会（乾宮・西北・強運期の吉運で中吉）となります。

・五月は乾宮、西北が月破に入るので中吉が小吉になります。

・年盤では二黒土星と同会（坤宮・西南・準備期の吉運で中吉）となります。

六月の月盤

6月5日〜7月6日

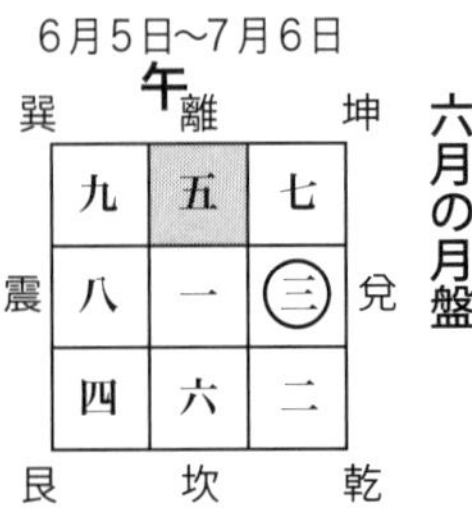

令和三年の年盤

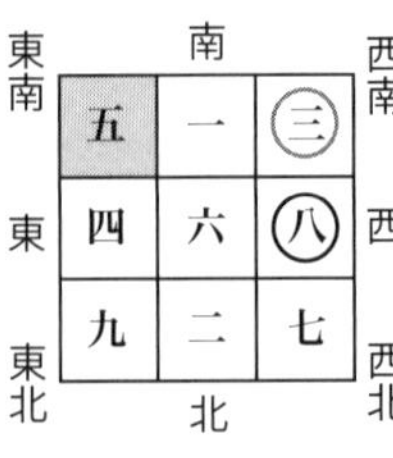

午

・六月は、八白土星と同会（兌宮・西・娯楽期の小吉運で小吉）となります。

・年盤では二黒土星と同会（坤宮・西南・準備期の吉運で中吉）となります。

七月の月盤

7月7日〜8月6日

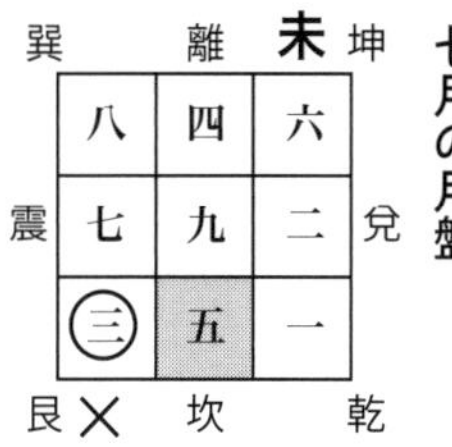

令和三年の年盤

東南	南	西南
五	一	③
四	六	八
⑨	二	七

東　西

東北　北　西北

未

・七月は、九紫火星と同会（艮宮・東北・変化期の自重運で凶）となります。

・七月は艮宮（東北）が月破に入るので凶が大凶になります（諸説有り）。

・年盤では二黒土星と同会（坤宮・西南・準備期の吉運で中吉）となります。

八月の月盤

8月7日〜9月6日

令和三年の年盤

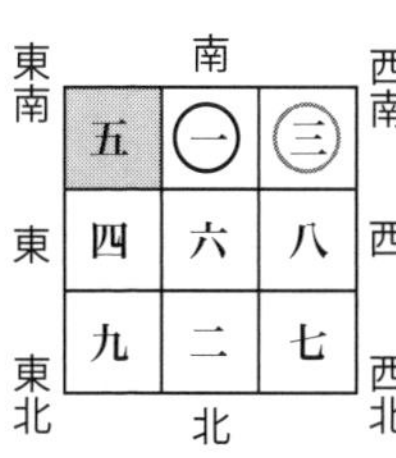

申

・八月は、一白水星と同会（離宮・南・頂上期の小吉運で小吉）となります。

・年盤では二黒土星と同会（坤宮・西南・準備期の吉運で中吉）となります。

九月の月盤　酉

9月7日~10月7日

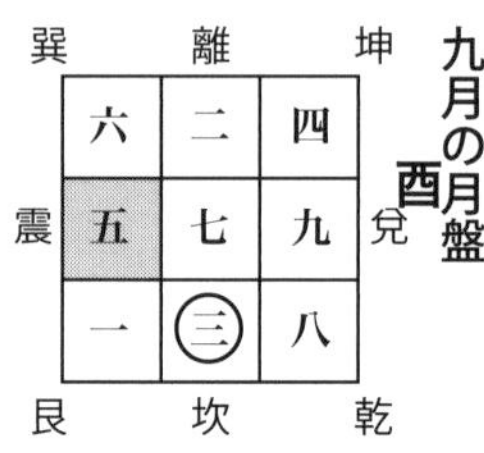

令和三年の年盤

		南		
東南	五	一	三	西南
東	四	六	八	西
東北	九	二	七	西北
		北		

酉

・九月は、二黒土星と同会（坎宮・北・停滞期の警戒運で大凶）となります。

・年盤では二黒土星と同会（坤宮・西南・準備期の吉運で中吉）となります。

十月の月盤　戌

10月8日~11月6日

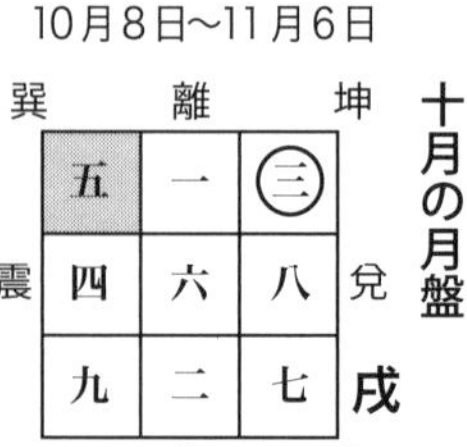

令和三年の年盤

		南		
東南	五	一	三	西南
東	四	六	八	西
東北	九	二	七	西北
		北		

戌

・十月は、三碧木星と同会（坤宮・西南・準備期の吉運で中吉）となります。

・年盤では二黒土星と同会（坤宮・西南・準備期の吉運で中吉）となります。

11月7日～12月6日

十一月の月盤

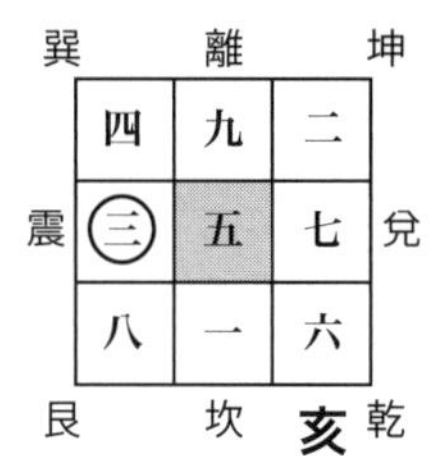

令和三年の年盤

東南	南	西南
五	一	三
東 四	六	八 西
九	二	七
東北	北	西北

亥

・十一月は、四緑木星と同会（震宮・東・躍動期の吉運で中吉）となります。

・年盤では二黒土星と同会（坤宮・西南・準備期の吉運で中吉）となります。

12月7日～1月4日

十二月の月盤

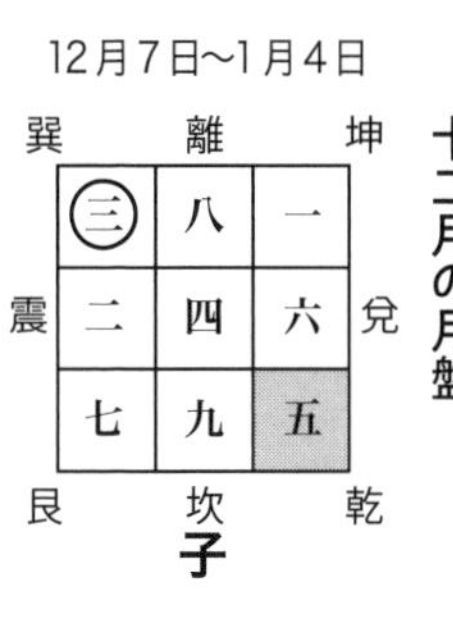

令和三年の年盤

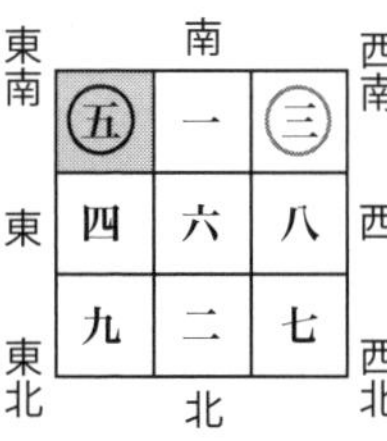

子

・十二月は、五黄土星と同会（巽宮・東南・福徳期の大吉運で大吉）となります。

・年盤では二黒土星と同会（坤宮・西南・準備期の吉運で中吉）となります。

「ツキと開運を呼ぶ気学・方位学」カリキュラム

第1回　気学の基礎
第2回　方位学の基礎
第3回　九星の意味　その一
第4回　九星の意味　その二
第5回　吉方位と凶方位
第6回　今年、来年の吉方位・凶方位
第7回　同会法
第8回　同会法の実践
第9回　傾斜法
第10回　傾斜法の実践
第11回　祐気取り
第12回　祐気取りの実践

＊カリキュラムは、授業の進行状況などによって変更することがあります。

第六章

傾斜法

一　傾斜法とは

「傾斜法（けいしゃほう）」とは、宿命的な性格と運命を見るものです。「傾斜法」は、生まれた年の「年盤」と、生まれた月の「月盤」を同時に出して判断するのです。具体的には、「月盤」の上に、本命星がどの位置（宮）にあるのかによって、宿命的な性格と運命を見る方法です。

例えば、本命星が三碧木星で、月命星が五黄土星の人だとします。すると「月盤」の東の震宮に本命星の三碧木星が位置（在泊）することになります。これを「震宮傾斜」と言います。

本命星・三碧木星の年盤

東南	南	西南
二	七	九
一	㊂	五
六	八	四
東北	北	西北

（左：東　右：西）

月命星・五黄土星の月盤

巽	離	坤
四	九	二
㊂	五	七
八	一	六
艮	坎	乾

（左：震　右：兌）

二　傾斜法による性格と運命

坎宮傾斜（一白水星）

月盤を作成した場合、月盤上の
坎宮に本命星が在泊している人

月盤

坤	離	巽
兌	中	震
乾	㊍坎	艮

月盤の北の坎宮に本命星が在泊し、八卦の坎の九星の一白水星の象意があらわれます。

坎宮傾斜の人は、角がなく交際上手で相手にこだわらない性格の「八方美人型」と、外見穏やかに見えて、陰気で疑い深い性格の「人を騙す型」の二つの型の性格があります。また、苦労性の人が多いようですが、陽気にして苦労を顔に表わさない人と、常に陰気で深刻な顔をしている人があります。

次に、坎宮傾斜の人は、探究心が強く知的な仕事や専門職に適しています。「八方美人型」の特徴を生かした大衆相手の水商売なども適しています。そして、余り目立たない陰の（裏の）仕事で成功する傾向があります。

坤宮傾斜（二黒土星）

月盤を作成した場合、月盤上の
坤宮に本命星が在泊している人

月盤

巽	離	㊐坤
震	中	兌
艮	坎	乾

月盤の西南の坤宮に本命星が在泊し、八卦の坤の九星の二黒土星の象意があらわれます。坤宮傾斜の人は、地味で派手なことは好まず、真面目にコツコツと積み重ねて行く性格です。また、人を押しのけても自分が成功しようという人ではなく、攻撃よりも防御の姿勢が多く、トップに立つよりもナンバー2の立場の方が適しています。

次に、坤宮傾斜の人は、安定志向で進取的姿勢に乏しく、チャンスを逃しやすくなります。ただ、実際には、下請け関係や不動産の社長に多く、温和で人に親切で素直なところから、信頼信用されて成功する傾向があります。

震宮傾斜（三碧木星）

月盤

坤	離	巽
兌	中	㊅震
乾	坎	艮

月盤を作成した場合、月盤上の震宮に本命星が在泊している人

月盤の東の震宮に本命星が在泊し、八卦の震の九星の三碧木星の象意があらわれます。

震宮傾斜の人は、積極的で行動力があり、早く世に出ようと功を焦り過ぎるところがある性格です。また、開拓精神が旺盛で、常に新しい事を始めて道を開いて行き、何事も自分から手を出して行動するので、人一倍の苦労を招くことになるのです。ただ、相当の活動家として名声を得られても、案外、財をなしていない場合が多いのです。

次に、震宮傾斜の人は、好奇心が旺盛で、発明、発見など物事の発端を開く仕事に適しています。そして、結論をつけたり、終わりの締めくくりをするような仕事には向かない傾向があります。

巽宮傾斜（四緑木星）

月盤を作成した場合、月盤上の**巽宮**に本命星が在泊している人

月盤

㊙巽	離	坤
震	中	兌
艮	坎	乾

月盤の東南の巽宮に本命星が在泊し、八卦の巽の九星の四緑木星の象意があらわれます。
巽宮傾斜の人は、柔和で人当たりが良く、自己主張せずに控え目な性格です。また、交際が広く、フットワークが軽く、出歩くことが好きで、人の為によく活動しますので、人から愛されます。
次に、巽宮傾斜の人は、人に従うので、指導者よりも、仲介や仲裁などの物事の取りまとめ役や世話役に適しています。そして、従順なところから勤め人として成功し、新しいことを好むので商売の才もあり、器用な面から一芸に秀でる傾向があります。

中宮傾斜（五黄土星）

月盤

巽	離	坤
震	㊥	兌
艮	坎	乾

月盤を作成した場合、月盤上の**中宮**に本命星が在泊している人
（月命星と本命星が同じ九星）

月盤の中央の中宮に本命星が在泊し、後述する八卦の裏の卦と九星の五黄土星の象意があらわれます。

中宮傾斜の人は、気位が高く、自分の意思を押しつけ、帝王の気分で周囲を支配し、統制しようとする性格です。また、運勢が変化しやすく、良い時と悪い時の差が極端で波乱含みとなります。しかし、逆境になっても頑張り通す強い意思を持ち、困難になればなるほど真価を発揮する強運の持ち主で、実業家や企業のトップに適しています。そして、中宮傾斜の人は、いつも人の上か中心に立ちたがる傾向があります。

乾宮傾斜（六白金星）

月盤

巽	離	坤
震	中	兌
艮	坎	㊎乾

月盤を作成した場合、月盤上の乾宮に本命星が在泊している人

月盤の西北の乾宮に本命星が在泊し、八卦の乾の九星の六白金星の象意があらわれます。

乾宮傾斜の人は、活動的で責任感が強く、負けず嫌いで、いつも先頭に立って周囲をリードしたがる頭領格の性格です。また、小さな事柄や家庭的なことよりも、スケールの大きな仕事や社会的なことに適しています。ただ、人の上に立つ努力をしないと頭領にはなれないし、男性は家庭を顧みない人が多いのです。

次に、乾宮傾斜の人は、投機的なことや勝負事を好み、人員を擁した社会性の強いことや大きな経営をはかる傾向があります。

兌宮傾斜（七赤金星）

月盤

巽	離	坤
震	中	㊍兌
艮	坎	乾

月盤を作成した場合、月盤上の兌宮に本命星が在泊している人

月盤の西の兌宮に本命星が在泊し、八卦の兌の九星の七赤金星の象意があらわれます。

兌宮傾斜の人は、社交的で口達者でおしゃべりなので、口うるさかったり、一言多いところがあるが、女性的で温和な性格です。また、味にうるさく、趣味やお稽古事や遊びも多方面に至り、賑やかなことや人を集めたりすることに適しています。ただ、よく働きよく遊ぶので、収入があっても支出も多く、家運を傾ける人もいます。

次に、兌宮傾斜の人は、食べ物関係の仕事や、説明、勧誘が上手なので、販売や営業の仕事で成功する傾向があります。

艮宮傾斜（八白土星）

月盤

巽	離	坤
震	中	兌
㊆艮	坎	乾

月盤を作成した場合、月盤上の**艮宮**に本命星が在泊している人

月盤の東北の艮宮に本命星が在泊し、八卦の艮の九星の八白土星の象意があらわれます。

艮宮傾斜の人は、きわめて家庭的で家が好きで、家族を大切に考える落ち着いた性格です。また、少し片意地で融通性のないところがあり、親戚との人間関係が上手くいかなかったり、交際面でも片寄りがあり、自分の利益になる人としか交際しなかったりするところがあります。

次に、艮宮傾斜の人は、独立心があり向上心が旺盛で、事業家や不動産関係の仕事に適しています。そして、事業家として大成して財を成す人もいますが、山気が強く強欲なところから浮き沈みの多い人生を送る傾向があります。

離宮傾斜（九紫火星）

月盤

巽	㊋離	坤
震	中	兌
艮	坎	乾

月盤を作成した場合、月盤上の離宮に本命星が在泊している人

月盤の南の離宮に本命星が在泊し、八卦の離の九星の九紫火星の象意があらわれます。

離宮傾斜の人は、上昇志向が強く名誉を重んじ、聡明で知的な情熱の持ち主で、明るくて派手な性格です。また、熱しやすく冷めやすく、物事に対して粘り強さに乏しく、気持ちが変わりやすいところがあります。

次に、離宮傾斜の人は、物質面よりも精神面か名声を得ることに憧れを持ち、先見の明があり、常に新しいものを追求し、独創的なものを開発する仕事に適しています。そして、人の先に立って指導する力があり、一つの仕事に精進すれば成功する傾向があります。

三　傾斜宮からみる適職

坎宮傾斜（一白水星）

形のないものを扱う仕事。知識や技術を提供する仕事。一般的に水商売と言われる仕事。接客業。サービス業。コンビニ。市場関係。喫茶店。料理飲食店。居酒屋。バーテンダー。ソムリエ。コンシェルジュ。漁師。潜水士。水産業。寿司屋。調理師。病院関係。水道関係。クリーニング。ボートレーサー。インストラクター。芸術家。

坤宮傾斜（二黒土星）

大衆相手の仕事。裏方の仕事や地味な仕事。古い物を扱ったり片付けたりする仕事。古物商。骨董品屋。古本屋。リサイクルショップ。アウトレット。中古販売業。不動産販売。土木関係。左官屋。労働者。職人。派遣社員。大衆食堂。露天商。漬物屋。大衆娯楽。福祉関係。介護職。葬祭業。

震宮傾斜（三碧木星）

音を出したり賑やかな仕事。移動したり行動する仕事。スピードを要求される仕事。電信電話関係。ＩＴ関係。通信業。郵便局。音楽家。楽器店。歌手。放送関係。アナウンサー。レポーター。漫才師。電気店。電気工事士。カラオケ。インターネット関係。パチンコ店。ＣＤビデオレンタル店。青果商。フラワーショップ。薬剤師。本屋。大工。

巽宮傾斜（四緑木星）

運んだり伝達する仕事。一般的に運転手と言われる仕事。繊維関係の仕事。貿易商。商社。旅行業。パイロット。客室乗務員。ツアーコンダクター。ガイド。通訳。仲介業。派遣社員。セールスマン。広告宣伝業。運送業。インテリアデザイナー。家具屋。洋品店。植木屋。理髪店。美容師。ホームヘルパー。

複合傾斜（五黄土星）

一般的に人が嫌がるような仕事。最終処理的な仕事。本命星五黄、月命星五黄の中宮傾斜の人は、男性は兌宮傾斜、女性は乾宮傾斜になります。

廃棄物処理業。清掃業。汚物取り扱い業。スクラップ屋。古物商。骨董品屋。リサイクル業。修理屋。再生業。解体業。トビ職。土木関係。不動産業。味噌醤油店。ノンバンク。遺品整理屋。葬儀関係。福祉関係。介護職。老人ホーム。ホスピス。

乾宮傾斜（六白金星）

人の上に立つ仕事。高価な物を扱う仕事。お金持ちを相手にする仕事。教師。宗教家。政治家。経営者。オーナー業。管理職。高級官僚。公務員。警察官。医師。銀行家。投資家。金融関係。宝石貴金属業。高級雑貨店。高級ホテル業。ゴルフ業。自動車関係。生命保険業。システムエンジニア。自動車教習所指導員。

兌宮傾斜（七赤金星）

娯楽や遊びに関する仕事。口に関する仕事。一般的に水商売と言われる仕事。コンサルタント。弁護士。生命保険業。金融関係。宝石貴金属業。歯科医。通訳。セールスマン。芸能人。司会業。イベント会社。コンパニオン。ホステス。バー・スナック。外食産業。食料品店。パティシエ。喫茶店。ゲームセンター。ペットショップ。

艮宮傾斜（八白土星）

管理したり守る仕事。動かない仕事。建物の中でする仕事。

不動産業。賃貸業。旅館ホテル業。アパート業。倉庫業。コインロッカー。一時預かり所。モータープール。保安警備業。自衛隊。造園業。寺院。仏具仏壇店。ベビーシッター。託児所。ブローカー。マッサージ師。カイロプラクター。整体師。柔道整復師。

離宮傾斜（九紫火星）

派手で目立つ仕事。文化的な仕事。女性的な仕事。物事を明らかにする仕事。

裁判官。政治家。芸能人。モデル。コンパニオン。マスコミ関係。カメラマン。デザイナー。スタイリスト。美容師。ネイリスト。化粧品関係。美容関係。エステティシャン。眼科医。画家。小説家。出版業。語学教師。照明器具店。

四　複合傾斜（中宮傾斜）

本命星と月命星が同じ九星の場合は「中宮傾斜」となります。これを「複合傾斜」と言って複合的な見方をします。

例えば、本命星が一白水星で、月命星も一白水星だとします。一白水星は、八卦では「坎」に当たります。

この「坎☵」の裏卦を見ると、「離☲」となります。「離」は、九星気学では九紫火星に当たります。そこで、本命星も月命星も同じ一白水星の「坎☵」の一白水星の場合に、裏卦に当たる「離☲」の九紫火星の象意があらわれるのです。

つまり、複合傾斜の場合、本命星と月命星の八卦と九星に、裏卦の八卦と九星が合わさって、両方の象意を合わせて判断していくことになるのです。ただし、本命星が五黄土星で月命星も五黄土星の場合は、少々複雑な見方をしますので後述します。

裏卦

先天定位盤の対角するものが裏卦で、八面体サイコロの裏表になります。八卦の陰陽が正反対となり、裏表の数字を足すと全て「9」になります。

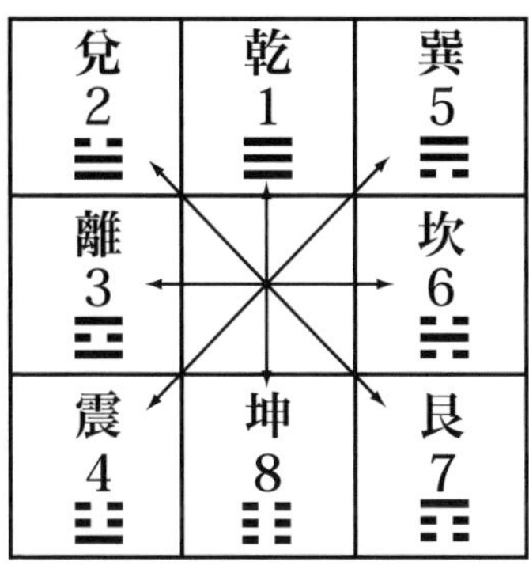

先天定位盤と八卦の数象

乾 1 ↔ 8 坤
兌 2 ↔ 7 艮
離 3 ↔ 6 坎
震 4 ↔ 5 巽

七	六	四
九	五	一
三	二	八

先天定位盤

五　五黄土星の場合の複合傾斜

本命星が五黄土星で、月命星も五黄土星の場合は特別な見方をします。

五黄土星は、八卦がありませんので裏卦はありません。そこで、男性は「艮宮傾斜」に、女性は、「坤宮傾斜」になり、その裏卦の象意を合わせて見るという見方をするのです。

その見方によると、男性は「艮☶」で八白土星なので、裏卦は「兌☱」の七赤金星になります。女性は「坤☷」で二黒土星なので、裏卦は「乾☰」の六白金星となります。

つまり、本命星も月命星も五黄土星の場合は、男性は、五黄土星と八白土星と七赤金星の、女性は、五黄土星と二黒土星と六白金星の、それぞれの象意を合わせて判断していくことになるのです。

六　複合傾斜一覧表

本命星	月命星	表卦	九星	裏卦	九星	傾斜宮	
一白水星	一白水星	坎☵	一白水星	離☲	九紫火星	離宮	離宮傾斜
二黒土星	二黒土星	坤☷	二黒土星	乾☰	六白金星	乾宮	乾宮傾斜
三碧木星	三碧木星	震☳	三碧木星	巽☴	四緑木星	巽宮	巽宮傾斜
四緑木星	四緑木星	巽☴	四緑木星	震☳	三碧木星	震宮	震宮傾斜
五黄土星	五黄土星	(男) 艮☶	八白土星	兌☱	七赤金星	兌宮	兌宮傾斜
五黄土星	五黄土星	(女) 坤☷	二黒土星	乾☰	六白金星	乾宮	乾宮傾斜
六白金星	六白金星	乾☰	六白金星	坤☷	二黒土星	坤宮	坤宮傾斜
七赤金星	七赤金星	兌☱	七赤金星	艮☶	八白土星	艮宮	艮宮傾斜
八白土星	八白土星	艮☶	八白土星	兌☱	七赤金星	兌宮	兌宮傾斜
九紫火星	九紫火星	離☲	九紫火星	坎☵	一白水星	坎宮	坎宮傾斜

七　複合傾斜の応用

複合傾斜はもっと複雑で、三種類の傾斜があります。

一つは、裏卦による傾斜。二つ目は、表卦より裏卦の九星が在泊する傾斜。三つ目は、裏卦より表卦の九星が在泊する傾斜です。

実際の鑑定においては、この三つの傾斜を加えて判断します。

本命星 月命星	傾斜宮 （裏より）	傾斜宮 （表と裏より）	傾斜宮 （裏と表より）
一白水星	離宮傾斜	巽宮傾斜	乾宮傾斜
二黒土星	乾宮傾斜	離宮傾斜	坎宮傾斜
三碧木星	巽宮傾斜	乾宮傾斜	巽宮傾斜
四緑木星	震宮傾斜	巽宮傾斜	乾宮傾斜
五黄土星	(男)兌宮傾斜	(男)艮宮傾斜	(男)震宮傾斜
五黄土星	(女)乾宮傾斜	(女)坤宮傾斜	(女)巽宮傾斜
六白金星	坤宮傾斜	坎宮傾斜	離宮傾斜
七赤金星	艮宮傾斜	乾宮傾斜	巽宮傾斜
八白土星	兌宮傾斜	巽宮傾斜	乾宮傾斜
九紫火星	坎宮傾斜	乾宮傾斜	巽宮傾斜

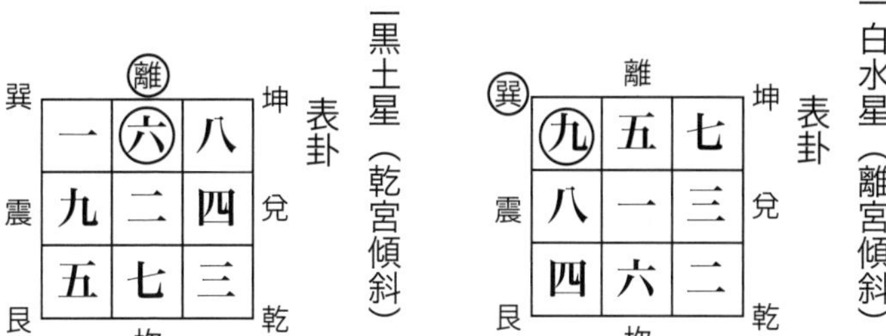

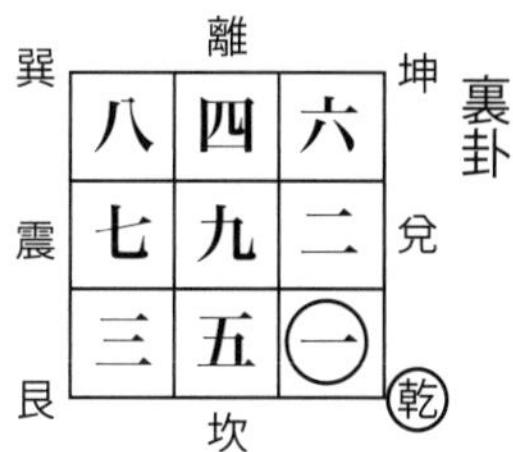

裏卦より
離宮傾斜
表卦と裏卦より
巽宮傾斜
裏卦と表卦より
乾宮傾斜

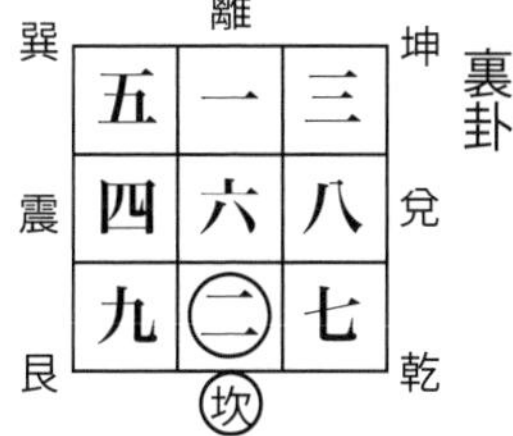

裏卦より
乾宮傾斜
表卦と裏卦より
離宮傾斜
裏卦と表卦より
坎宮傾斜

表卦

裏卦

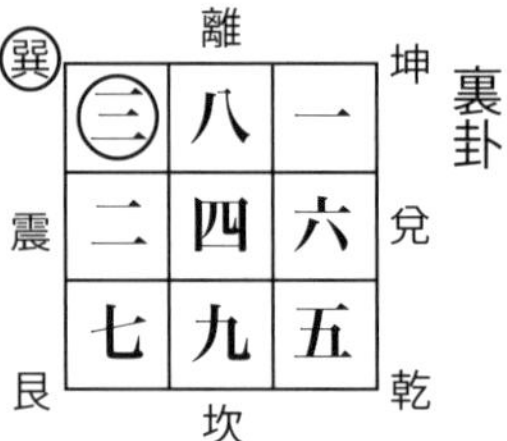

裏卦より
巽宮傾斜
表卦と裏卦より
乾宮傾斜
裏卦と表卦より
巽宮傾斜

四緑木星（震宮傾斜）

表卦

裏卦

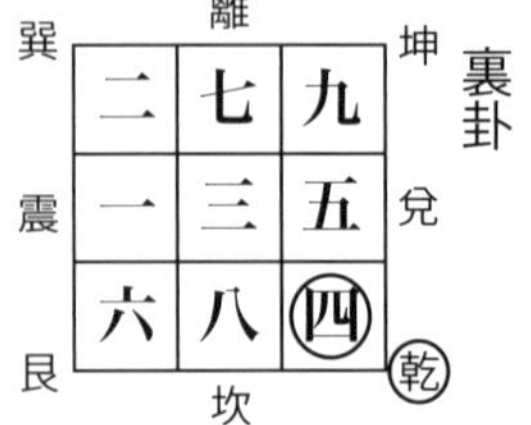

裏卦より
震宮傾斜
表卦と裏卦より
巽宮傾斜
裏卦と表卦より
乾宮傾斜

五黄土星（兌宮傾斜）男性

表卦

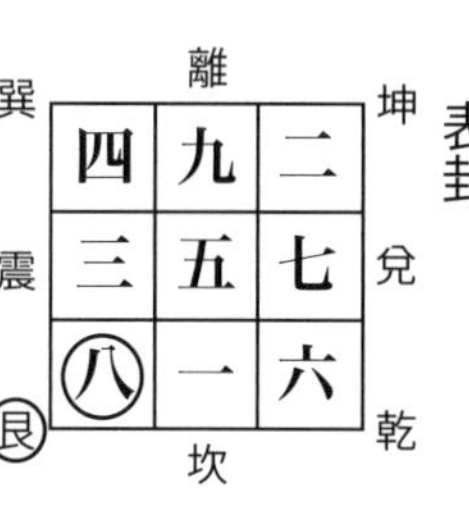

裏卦

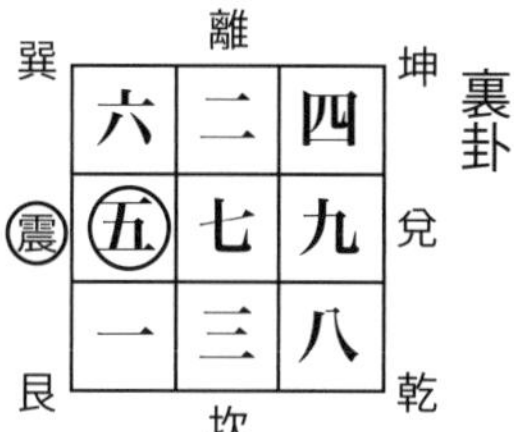

五黄土星（乾宮傾斜）女性

表卦

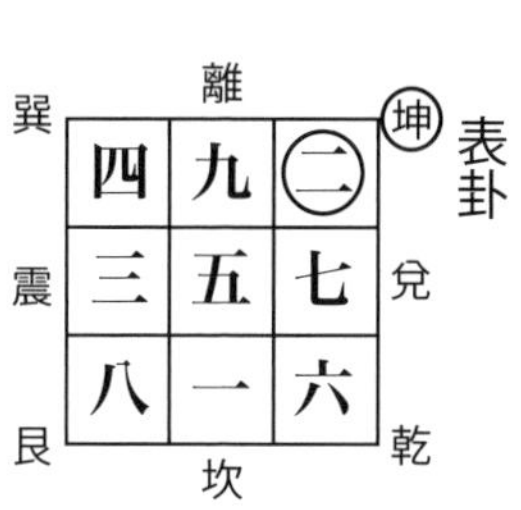

裏卦

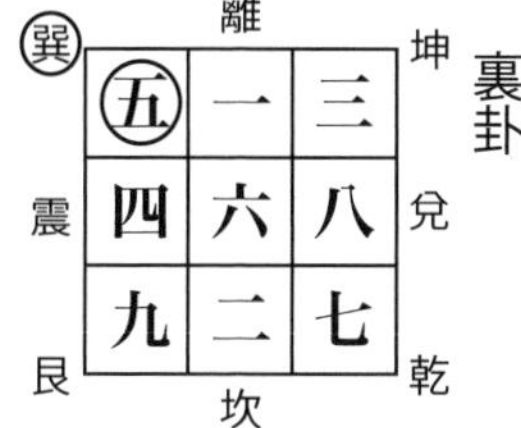

裏卦より
兌宮傾斜
表卦と裏卦より
艮宮傾斜
裏卦と表卦より
震宮傾斜

裏卦より
乾宮傾斜
表卦と裏卦より
坤宮傾斜
裏卦と表卦より
巽宮傾斜

六白金星（坤宮傾斜）

表卦

裏卦

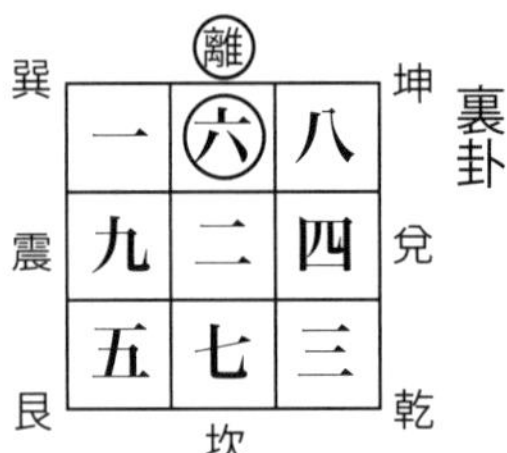

裏卦より
坤宮傾斜
表卦と裏卦より
坎宮傾斜
裏卦と表卦より
離宮傾斜

七赤金星（艮宮傾斜）

表卦

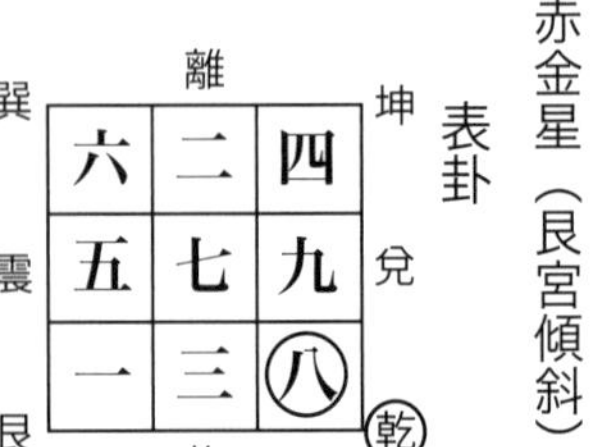

裏卦

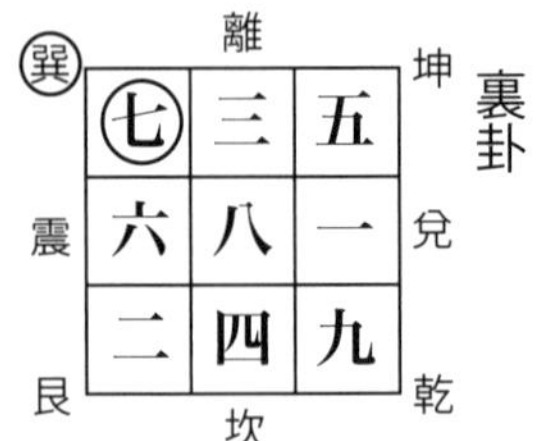

裏卦より
艮宮傾斜
表卦と裏卦より
乾宮傾斜
裏卦と表卦より
巽宮傾斜

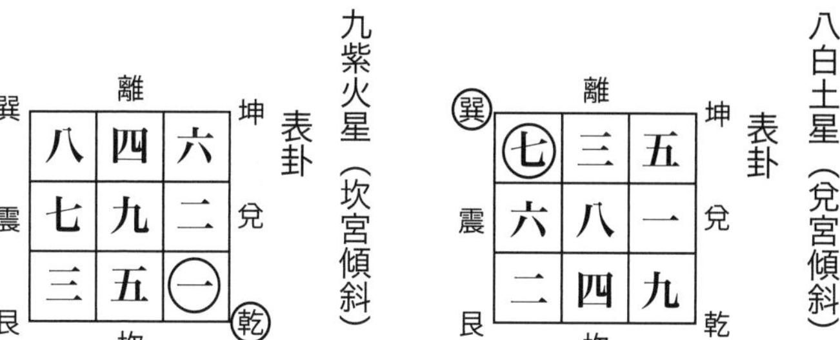

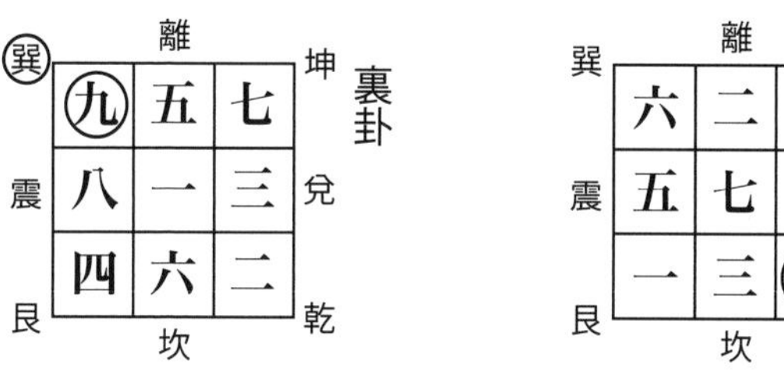

裏卦より
兌宮傾斜
表卦と裏卦より
巽宮傾斜
裏卦と表卦より
乾宮傾斜

裏卦より
坎宮傾斜
表卦と裏卦より
乾宮傾斜
裏卦と表卦より
巽宮傾斜

八　月別傾斜一覧表（本命星、月命星、傾斜宮）

四緑木星	三碧木星	二黒土星	一白水星	本命星／生まれ月
4-8-坎宮	3-5-震宮	2-2-乾宮	1-8-兌宮	2月
4-7-坤宮	3-4-巽宮	2-1-乾宮	1-7-艮宮	3月
4-6-震宮	3-3-巽宮	2-9-兌宮	1-6-離宮	4月
4-5-巽宮	3-2-乾宮	2-8-艮宮	1-5-坎宮	5月
4-4-震宮	3-1-兌宮	2-7-離宮	1-4-坤宮	6月
4-3-乾宮	3-9-艮宮	2-6-坎宮	1-3-震宮	7月
4-2-兌宮	3-8-離宮	2-5-坤宮	1-2-巽宮	8月
4-1-艮宮	3-7-坎宮	2-4-震宮	1-1-離宮	9月
4-9-離宮	3-6-坤宮	2-3-巽宮	1-9-乾宮	10月
4-8-坎宮	3-5-震宮	2-2-乾宮	1-8-兌宮	11月
4-7-坤宮	3-4-巽宮	2-1-乾宮	1-7-艮宮	12月
4-6-震宮	3-3-巽宮	2-9-兌宮	1-6-離宮	1月

（本命星 - 月命星 - 傾斜宮）

九紫火星	八白土星	七赤金星	六白金星	五黄土星	本命星／生まれ月
9-5-離宮	8-2-坤宮	7-8-巽宮	6-5-乾宮	5-2-艮宮	2月
9-4-坎宮	8-1-震宮	7-7-艮宮	6-4-兌宮	5-1-離宮	3月
9-3-坤宮	8-9-巽宮	7-6-乾宮	6-3-艮宮	5-9-坎宮	4月
9-2-震宮	8-8-兌宮	7-5-兌宮	6-2-離宮	5-8-坤宮	5月
9-1-巽宮	8-7-乾宮	7-4-艮宮	6-1-坎宮	5-7-震宮	6月
9-9-坎宮	8-6-兌宮	7-3-離宮	6-9-坤宮	5-6-巽宮	7月
9-8-乾宮	8-5-艮宮	7-2-坎宮	6-8-震宮	5-5-乾宮 5-5-兌宮	8月
9-7-兌宮	8-4-離宮	7-1-坤宮	6-7-巽宮	5-4-乾宮	9月
9-6-艮宮	8-3-坎宮	7-9-震宮	6-6-坤宮	5-3-兌宮	10月
9-5-離宮	8-2-坤宮	7-8-巽宮	6-5-乾宮	5-2-艮宮	11月
9-4-坎宮	8-1-震宮	7-7-艮宮	6-4-兌宮	5-1-離宮	12月
9-3-坤宮	8-9-巽宮	7-6-乾宮	6-3-艮宮	5-9-坎宮	1月

（本命星 - 月命星 - 傾斜宮）

甲月あさ美先生によるJEUGIAカルチャーセンター主催
「ご当地講座・清荒神清澄寺詣り」

山田凰聖先生（著者）による大阪産経学園
「2020年あなたの一年を占う」（1日体験レッスン）

第七章
祐気取り

一　祐気取りとは

第四章の「吉方位と凶方位」でわかるように、実際には凶方位が多くて、なかなか吉方位が取れないものです。そこで、年月日時の全ての盤で吉方が重なる方位を取ることによって、今まで知らず知らずの間に凶方位を犯していた凶作用を一気に吹き払おうというのが「祐気取り(ゆうきとり)」なのです。

「祐気取り」は、一年の内で年月日時の盤が全て同じになる時に、吉方に行ってプラスのエネルギーをもらってくるという、気学方位学上最高の開運法なのです。ただし、「祐気取り」が可能な日は一年の内でも数日しかなく、しかも時間も特定するとなると、一日の内の一定の時間帯になるので、実際には大変難しい部分があるのは事実です。

それでも、年月日時の全てで吉となる方位を取って「祐気取り」を行うことで、大きなエネルギーを得られ、それまでの凶作用を一掃できる効果があるのです。

二　転居の吉方位

吉方位に転居する時は、必ずしも年月日時の全てで吉方位を取る必要はなく、年と月で吉方位であれば良いのです。

転居する場合、転居先に90日以上（最低45日）住むと「根が付く」といって、そこが自分の住居となります。

次に転居や移動する時は、その「根が付く」ことになった住居から動くことになるのです。これは、その転居先がちゃんとした住居の体をなしていない場合にもいえるのです。

例えば、寮、下宿、居候、仮宿舎、留学、病院、刑務所などでも、そこに90日以上（最低45日）住むと、「根が付く」ので住居となるのです。

1、家族で引っ越しをする時は、夫と妻の本命星の吉方位を取る。

2、夫婦で同じ吉方位が取れない時は、主人（一家を支えている方）の本命星の吉方位を取る。

3、両親がいても、子供（一家を支えている方）が一家を支えている場合は、その子供の本命星の吉方位を取る。

三　方違え（かたたがえ）

どうしても吉方位を取れない時や、凶方位に行かざるを得ない場合に使う開運法です。

1、凶方位に転居しなければならない時に、一定期間吉方位に行って、そこで90日以上（最低45日）寝泊まり（仮住まい）してから、その場所から吉方位になるように転居する。

2、凶方位に旅行や出張などをしなければならない時に、一度吉方位に行って一泊以上してから、そこから吉方位になるように目的地に向かう。

3、一時的にせよ、どうしても吉方位に行けない時に、「方違神社（ほうちがいじんじゃ）」へ参拝し、災いの種を消滅させる方法があります。

※方違（ほうちがい）神社は、大阪府堺市堺区北三国が丘町2丁-2-1にあります。
最寄駅は、ＪＲ阪和線「堺市駅」、南海高野線「堺東駅」下車徒歩約7分。

四　お砂取り

以前、NHKの大人気朝ドラ『ゲゲゲの女房』のモデルとなった、水木しげるの妖怪の中に「砂かけばばあ」という妖怪がいて、人に砂をかけて脅かし、その人のエネルギーをマイナスにしてしまいます。

お砂取りは、「砂かけばばあ」とは逆に、吉方位に行って吉方位のお砂を頂いて、エネルギーをプラスにする開運法です。

1、吉方位のお砂を家の周囲にまいたり、お守りとして身に付ける。

2、お砂取りは、吉方位神社の境内にある木の根元近くから頂く。ただし、神社によっては「境内のお砂を取らないで」と表示していることもありますので、その場合は神社で売っているお砂を買って下さい。

3、お砂取りはほんの少しでいいので、余り多くのお砂を無断でもらってくるのは感心しません。

五　お水取り

お水取りは、吉方位に行って、吉方位のお水を飲むことで、願いを叶えることができる開運法です。

1、お水取りは、吉方位の場所の湧き水で、井戸水や温泉水（水道水でも可）などです。
2、お水取りは、吉方位で取れた水であれば、その場所で販売されている水や、供されている水でも良いのです。
3、吉方位で取れる食べ物などもよいので、吉方位の場所で飲食をしたり、現地産の土産品を買って帰るのも良いのです。

お水取りは、吉方位で取れた水を飲むのが本来ですが、飲用に適さない水の場合もあるので、持ち帰って家の周囲にまいたり、植木にやるのも良いのです。

六　玉埋め

玉埋めは、吉方位に行って、水晶玉を吉方位の神社周辺の山村に埋め込むことで、願いを叶えることができる開運法です。

玉埋めをすると、水晶に込められた願いが吉方位の氣と混じり合って、祐気取りを数日間行うのと同等の効果が持続します。

1、玉埋めに使用する水晶は、魂を入れて御祈祷したものです。

2、玉埋めには、水に溶ける特殊な和紙で作った人形（人型）に水晶を包んで、吉方の池などに投げ込む「玉入れ」もあります。

七　杭打ち

杭打ちは、吉方位に行って、雑木材に自分の願いを書いた杭を打ち込む開運法です。

1、杭打ちをする場所は、雑木材の斜面などで、九年間は人目に触れない場所が良いのです。
2、杭打ちをする時は、粉水晶を一緒に周囲にまくと更に良いのです。
3、杭打ちをする場所がなかったり、危険な場合は、杭を投げ込むようにします。
4、杭打ちの文字は、すべて願う人が自分の言葉で、具体的に自由に書くのです。
5、杭打ちは、神社の境内などに打ち込むことは避けて下さい。また、他人の雑木材に無断で杭を打ち込むのも厳禁です。

八　祐気取りのルール

祐気取りにはいくつかのルールがあります。

1、何を願うのかを決めます。
2、年月日時の全ての盤で、吉方が重なる方位を取るのが理想ですが、最低でも月と日が揃う時。
3、祐気取りは、自宅（出発地）から五〇キロメートル以上離れた所を取ります。
4、祐気取りは、三泊以上、一〇〇キロメートル以上だと効果は大きいです。
5、土用期間中は、祐気取りはできません。

冬の土用　一月十七日〜　二月四日
春の土用　四月十七日〜　五月六日
夏の土用　七月二十日〜　八月八日
秋の土用　十月二十日〜十一月八日

＊「土用」の期間は年によって若干違います。暦でご確認ください。

6、土用殺は祐気取りはできません。土用殺は、土用の期間中にその月の月破の正反対側に入る方位（つまり、その月の十二支の方位）です。土用殺を犯すと、家族や集団全員に凶作用が降りかかると言われています。そもそも、土用期間中は、建築、増改築など土を扱う事や、移転、祐気取りなども行ってはいけないとされています。

7、お水取りでお水を頂く時は、心の中で願い事を繰り返します。

8、お水取りや玉埋めは、一年位効果があります。

9、五黄土星の年月は、祐気取りはできません。

10、祐気取りは、日破の方位は避けます。

九　祐気取りの有効期間

年月日時のすべての盤で、吉方が重なる方位に祐気取りをすると、二十年間有効期限があり、その期間中に効果が発揮されるとされています。

年月日時のうちの三つで吉方が重なる場合でも、三年～五年の間は有効期限があるとされています。

ただし、ただ祐気取りだけをしていても効果は期待できません。

例えば、お水取りですが、吉方位でただお水を飲んでいるだけではダメで、自分ができる限りの努力をしなければならないことは言うまでもありません。

十　祐気取りの取り方

令和三年の祐気取りの一例を順を追って説明します。

1、令和三年は、六白金星の年なので、六白金星が年盤の中宮に入ります。

2、年盤と同じ六白金星が月盤の中宮に入る月を「気学万年暦」で探すと、十月（十月八日〜十一月六日）となります。

3、年盤と月盤と同じ六白金星が、日盤の中宮に入る日を「気学万年暦」で探すと、十月十六日、二十五日、そして十一月三日となります。

4、「時刻九星早見表」（163頁）で六白金星が中宮に当たる時刻を探します。十月は陰遁日に当たります。十六日は酉の日、二十五日は午の日、十一月三日は卯の日なので、六白金星は卯の刻に入りますので、午前5時〜午前7時の時刻となります。

5、祐気取りの年月日時が決まったら、この六白金星が中宮に入る盤に凶殺をあてはめて、凶方にならなかった方位を吉方と考えるのです。本来、祐気取りは時刻まで合わせて取るもので、時破も凶殺として生じてくるのです。

年盤

令和三年

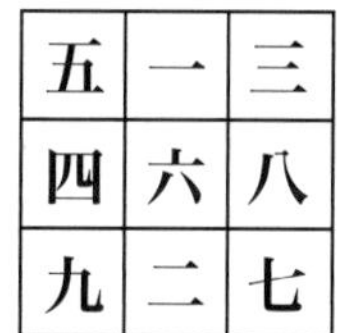

五	一	三
四	六	八
九	二	七

月盤

十月

五	一	三
四	六	八
九	二	七

日盤

十月十六日
十月二十五日
十一月三日

五	一	三
四	六	八
九	二	七

刻盤

卯の刻
（午前5時から午前7時）
（十月十六日・二十五日・十一月三日）

五	一	三
四	六	八
九	二	七

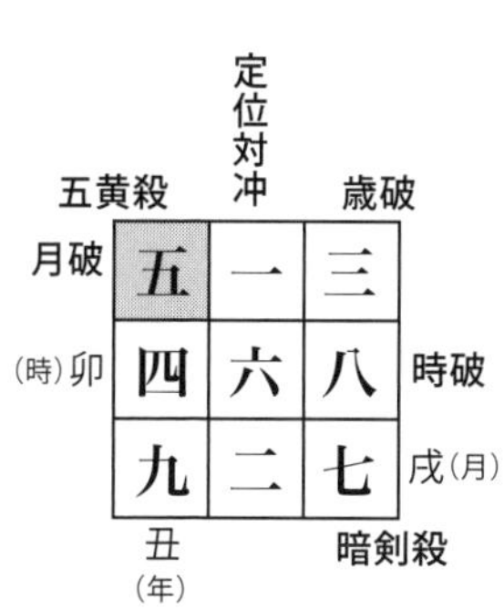

＊上の図は共通の凶殺をあてはめたものです。日の十二支を調べて、**「日破」**がわかります。16日は酉なので、**震宮**25日は午なので、**坎宮**3日は卯なので、**兌宮**が日破になります。これに加えて「**本命殺**」「**本命的殺**」を占う人の九星によってあてはめます。

十一　祐気取りの凶殺

祐気取りを取る時に凶殺となるものを、凶意の強い順（諸説あり）に列挙してみましょう。

1、暗剣殺　五黄土星の正反対側の方位。

2、五黄殺　五黄土星が入っている方位。

3、歳　破　その年の十二支の正反対側の方位。

4、本命殺　自分の本命星が入っている方位。（月命殺）

5、本命的殺　自分の本命星の正反対側の方位。（月命的殺）

6、月　破　その月の十二支の正反対側の方位。

7、日　破　その日の十二支の正反対側の方位。

8、時　破　その時刻の十二支の正反対側の方位。

9、死　気　自分の本命星にとって剋する星。

10、殺　気　自分の本命星にとって剋される星。

11、定位対冲　後天定位盤の定位の正反対側に入っている方位。

※祐気取りの場合は、本命殺と月命殺（的殺も含む）は同じ凶方位となります。吉方

位が取れない時は、死気、殺気、定位対沖を吉方位として取っても良いとされています。

時刻九星早見表

陰遁日 6月23日より 12月20日前後			陽遁日 12月23日より 6月20日前後			日／時刻	
寅申巳亥	辰戌丑未	子午卯酉	寅申巳亥	辰戌丑未	子午卯酉		
四隅	四墓	四正	四隅	四墓	四正		
三碧	六白	九紫	七赤	四緑	一白	午後11時〜午前1時	子
二黒	五黄	八白	八白	五黄	二黒	午前1時〜午前3時	丑
一白	四緑	七赤	九紫	六白	三碧	午前3時〜午前5時	寅
九紫	三碧	六白	一白	七赤	四緑	午前5時〜午前7時	卯
八白	二黒	五黄	二黒	八白	五黄	午前7時〜午前9時	辰
七赤	一白	四緑	三碧	九紫	六白	午前9時〜午前11時	巳
六白	九紫	三碧	四緑	一白	七赤	午前11時〜午後1時	午
五黄	八白	二黒	五黄	二黒	八白	午後1時〜午後3時	未
四緑	七赤	一白	六白	三碧	九紫	午後3時〜午後5時	申
三碧	六白	九紫	七赤	四緑	一白	午後5時〜午後7時	酉
二黒	五黄	八白	八白	五黄	二黒	午後7時〜午後9時	戌
一白	四緑	七赤	九紫	六白	三碧	午後9時〜午後11時	亥

＊陽遁は冬至から順行、陰遁は夏至から逆行となります。干支と九星の違いから、十年半で約六十日間ほどのズレが生じてきます。また、陽遁日と陰遁日も前後約一週間ぐらいの誤差が生じますので、その年ごとに暦などでご確認ください。

十二　祐気取りの注意点

祐気取りをする場合に、心がけていただきたいことを列挙します。

1、神社や仏閣などで、無断でお砂やお水を大量に取らないこと。特に「祐気取りツアー」などで、集団で出掛けて行って、一斉にお砂やお水を取ることは、他の参詣者にもご迷惑がかかりますので厳に慎んで下さい。

2、例にも示してあるように、理論上は、「子の刻」と「丑の刻」は存在しますが、実際には祐気取りはできません。そもそも、「子の刻」(午後十一時〜午前一時)と「丑の刻」(午前一時〜三時)は、神社仏閣なども閉門していますし、交通機関も限られています。また、この時間帯は「魔が入る」とされていますので本来外出は控えるべきです。

3、祐気取りは、自分の運気を上昇させる開運法です。しかし、だからと言って、他人に迷惑を及ぼして、自分だけは良くなろうという気持ちでは、結局、祐気取りではなく、逆に災いの種をまくことになりかねませんので注意して下さい。

占いこぼれ話

「祐気取り」は「勇気取り」

「祐気取り」は究極の開運法ですが、実はそんなに楽勝ではないのです。
「祐気取り」の最中に事故に遭ったり、トラブルに巻き込まれたり、災難に遭うことは珍しいことではありません。むしろ、何も起こらず無事に帰って来られたら幸いです。

これは、どの気学書にも書かれていないので驚かれるかもしれませんが、開運するということは実はそんなに楽ではないのです。「祐気取り」もそうですが、開運するにはそれ相当の対価を払わなければなりません。神社でお願い事をするにはお賽銭を払いますし、遺産が入るには誰かが亡くなる必要があるのです。ですから、遊び半分で「祐気取り」をしてはいけないのです。

事実、ハイヒールで「祐気取り」に出かけて、神社の階段で転んでケガをした人や、降水確率0なのに、局地的豪雨に祟られて、ずぶ濡れになって帰ってから風邪をひいた人もいます。

ですから「祐気取り」は「勇気取り」なのです。

「祐気取り」よりも大事なこと

この本を執筆している今日は、令和二年三月二十五日の水曜日で、令和二年の「祐気取り」の日なのです。世界的な「新型コロナウイルス」の感染拡大を受けて、「東京五輪・パラリンピック」の一年延期が昨日決定しました。外出自粛が叫ばれているさなかに「祐気取り」に行くべきなのかということです。

令和二年の「祐気取り」とは、三月七日の土曜日と十六日月曜日、二十五日の水曜日なのです。

今でも忘れられない出来事があります。平成二十三年三月十一日の金曜日、午後二時四十六分に

「東日本大震災」が発生しました。国内の観測史上最大のマグニチュード9を記録しました。
実はその前日、三月十日木曜日は「祐気取り」の日だったのです。ある人は三月十日に東北地方に「祐気取り」に出かけました。当初は現地に宿泊する予定だったのですが、仕事に支障をきたすとのことで日帰りにされました。宿泊されていたら被災されていたかもしれません。被災された方には本当にお気の毒なのですが、その人は間一髪で助かったといえます。
何が何でも「祐気取り」ではありません。外出が自粛されているときや、仕事や家庭に支障をきたすときや、他の人に多大の迷惑をかけるようなときは、「祐気取り」をしなくてもよいのです。そもそも他人や家族を犠牲にして、自分だけがよくなるということはないのですから。
また、「祐気取り」の日や月の前後などに天災などが多いのも事実なのです。平成二十三年三月の「東日本大震災」、令和元年五月の「千葉県南部地震」、令和二年三月「新型コロナウイルス感染拡大」などです。
令和二年四月七日火曜日、ついに「非常事態宣言」が発令されました。常識で考えても、こんなときに「祐気取り」や「吉方位取り」をしている場合ではないのです。
私どもも、すべての仕事は中止して、自宅にこもって、今こうして原稿を執筆しているのです。

開運法

「気学・方位学」が他の占いと異なるところをひとつ上げるとすれば、それは「開運法」です。四柱推命、算命学、西洋占星術など、いわゆる生年月日で占う占いには、「開運法」は基本的にありません。なぜなら、生年月日は変えられないからです。

占いこぼれ話

ところが、「気学・方位学」だけは「開運法」があるのです。では、その「開運法」の中で効果が高いと思われるものから順番（諸説あり）に左記に列挙します。

1、祐気取り

何と言っても究極の開運法ですから、効果は最大二十年間、一般的に十年間くらい続くといわれています。

2、吉方位取り

私たちはふだん、だいたい悪い方向へ行っているのです。それを「吉方位取り」をすることで少しずつ消していって悪い作用が及ばないようにするのです。「祐気取り」が無理ならせめて「吉方位取り」をしてください。効果は一年間くらいです。

3、神社仏閣詣り

「祐気取り」や「吉方位取り」と組み合わせるとさらに効果があります。「神社」で一番ご利益があるのは、何と言っても「お伊勢さん」。その次に、自分が今住んでいる地域の「氏神様」。そして、崇拝している「崇敬神社」といったところです。

もちろん、ご先祖様の「お墓参り」も大切なことは言うまでもありません。

4、風水・家相

実は「祐気取り」をしても、「吉方位取り」をしても少しも開運しない人もいます。

念のために家の間取りを見せてもらったら、鬼門が欠けていたり、トイレの場所が北にあったりしていることが多いのです。「気学・方位学」よりも「風水・家相」の方が重要だという説もあるくらいですので、心当たりのある人はご自宅をご確認してみてください。

5、不運の量の先取り

算命学に「人間の一生には一定の幸運の量と一定の不運の量がある」という考え方があります。それならば「一定の不運の量」を全部消化してしまえば、後は「一定の幸運の量」しか残らないという考え方です。

例えば、わざと悪い方位へ行ってあらゆる禍を被るとか、苦労を自ら買って出てしんどい目に遭うとか、不摂生、不養生をして大病を患うとかといったことです。

つまり、「不運の量の先取り」、平たく言えば「不運の量のプリペイドカード」ということです。しかし、これはよほどの体力、気力、精神力、それと強運の持ち主でないと危険です。下手をすると、大病を患ったり、事故に遭ったりして、死期を早めることになりかねませんので……。

「気学・方位学」と「四柱推命」

「気学・方位学」と「四柱推命」は、どちらも同じ生年月日で占いうのですが、例えば同じことを両方で占えばまったく違う判断が出たりしまします。どっちが当たっているのか。実はどっちも正しいのです。ただし、現実には同じことを両方で占いません。「気学・方位学」と「四柱推命」は、占目によって使い分けをするのです。「気学・方位学」と「四柱推命」のそれぞれの特徴について述べてみます。

1、「気学・方位学」は、主に「方位」と「開運法」をみる。

「四柱推命」は、主に生まれながらに有している「性格」「適性」「素質」「相性」などの「宿命的なもの」をみる。

占いこぼれ話

2、「気学・方位学」は、主に行動することで変化する「後天運」をみる。
「四柱推命」は、主に生まれながら定められた「先天運」をみる。
3、「気学・方位学」は、毎年の運勢を「毎月」の運勢を重視してみる。
「四柱推命」は、毎年の運勢を「一生」の運勢を重視してみる。
4、「気学・方位学」は、「動的な占い」で「どう動いたらどうなるか」をみる。
「四柱推命」は、「静的な占い」で、「このままだとこうなる」をみる。

甲斐四柱推命学院では、毎年「来年のあなたの運勢を占います」の「一日体験レッスン」を各カルチャーセンターで開催しています。当初「気学教室」では「気学」で、「四柱推命教室」では「四柱推命」で、それぞれ運勢を占っていたのですが、ここ数年で「気学」と「四柱推命」の両方で運勢を占うようになりました。

すると、「気学」と「四柱推命」で運勢が違ってくるのです。極端な場合は、「気学」で「大吉」だが、「四柱推命」では「大凶」だなんてことも実際に起こってきます。もちろん、「気学」も「四柱推命」もどちらも正しいわけですが、「気学」は「月」の運勢が主です。「開運暦」をみても「月」の運勢にもっとも頁を費やしています。

それに対して「四柱推命」は「年」の運勢が主です。実際に「年」の運勢は、若干「四柱推命」に分があります。ただ、月の運勢となってくると、「気学」の方が細かく指摘しているのです。

もちろん、個人差があって、「気学」の方が当たる人もいれば、「四柱推命」の方が当たる人もいるのです。個人鑑定の場合、このあたりのさじ加減をどう相手によって見極めて鑑定するかが、まさに占い師の腕の見せ所なのです。

また「西洋占星術」、いわゆる「星占い」は「日」の運勢が主です。テレビ、ラジオ、雑誌などで、「今日の水瓶座の運勢は……」などと占っているとおりです。

第三次占いブーム到来?

二〇二〇年四月十五日からフジテレビ（カンテレ）で放送がスタートした「突然ですが占ってもいいですか?」という番組。初回は特番で2時間スペシャルでした。

プロの有名占い師が街中に繰り出して、街の人を突然占うという新感覚占いバラエティー番組で、出演する占い師は「木下レオン」「ゲッターズ飯田」「ぷりあでぃす玲奈」の三人。とくにレギュラー出演が決まった「木下レオン」占い師は、その確かな鑑定力とたぐいまれな直感力と話術で、相手を虜にしてしまうカリスマ性を持っています。

やっとまともな本格的な占い師が、世の中が先行き不安で混沌としたこのタイミングで出てきてくれたという気がします。過去は、やたらパフォーマンスばかりで鑑定力のない占い師や、そういう占い師を面白がって視聴率を稼ごうとするテレビ番組が多かった中で、「木下レオン」のような占い師が出演する番組が始まったのは、過去にそうしたテレビ出演を断ってきた身としては、たいへん喜ばしいことと思います。

私自身、初回の番組を視聴して気づいたのですが、「運勢」は「気学」と「四柱推命」で、「恋愛運」「相性」「性格」などは、「四柱推命」を中心にして、そこに独自の解釈を加味して占っているようです。

この番組を見て、占いを習いたい人や、占い師になりたい人が増えていく気がします。

私どもとしては大歓迎ですが、まともな知識のない人が、いい加減に占って欲しくないのです。正しくきちんと学べば当たる占いはできるのですから。

占いこぼれ話

「福の神」と「貧乏神」

仏の教えに「福の神」と「貧乏神」の話があります。

ある家に一人の着飾った美しい女性が訪ねてきました。「私は富を与える福の神です」と言うと、家の人は喜んで手厚くおもてなしをしてくれました。すると、すぐ後から、みすぼらしい身なりをした女性が訪ねてきました。「私は貧乏を授ける貧乏神です」と言うと、家の人は怒って追い返そうとしました。

そこで「貧乏神」は、「それは愚かなことです。先に入った「福の神」は私の姉で、私たち姉妹はいつも一心同体なのだから、私を追い出せば姉の「福の神」もいなくなります」と言いました。そして、妹の「貧乏神」が去っていくと、同じくして姉の「福の神」もいなくなってしまったのです。これは福があれば禍があり、良いことがあれば悪いことがあるという喩えです。

大金持ちといわれている人たちは、大概貧乏を経験しているものなのです。幸せだといっても、不幸がなければ本当の幸せはわからないわけです。普通の人は、禍を嫌い幸いのみを求めますが、道を求める仏教徒は、幸福と禍をともに越えて、執着することから離れるといいます。

この本の主旨からは外れるかもしれませんが、やたら開運や目の前の利益ばかり追い求めてはいけないのです。悪いことや嫌なことは、幸福とセットになっているのです。

「よくわかる気学・方位学」が学べる教室一覧

１、阪急梅田教室・大阪産経学園

大阪市北区芝田 1-1-4（阪急ターミナルビル 7 階）

TEL06-6373-1241

２、天満橋教室・よみうり天満橋文化センター

大阪市中央区天満橋京町 1-1（京阪シティモール 7 階）

TEL072-752-2033

３、なんばパークス教室・JEUGIA カルチャーセンター

大阪市浪速区難波中 2-10-70（なんばパークス 7 階）

TEL06-6647-2207

４、堺タカシマヤ教室・JEUGIA カルチャーセンター

堺市堺区三国ケ丘御幸通 59（堺タカシマヤ・地下 1 階）

TEL072-225-1766

＊上記案内は、2020年10月現在の内容です。変更の場合もあります。
最新情報は HP でご確認ください。
http://www.yamada-kosei.com/

甲斐四柱推命学院　検索

付録資料

九星別吉方位一覧表

令和三年の年盤と月盤

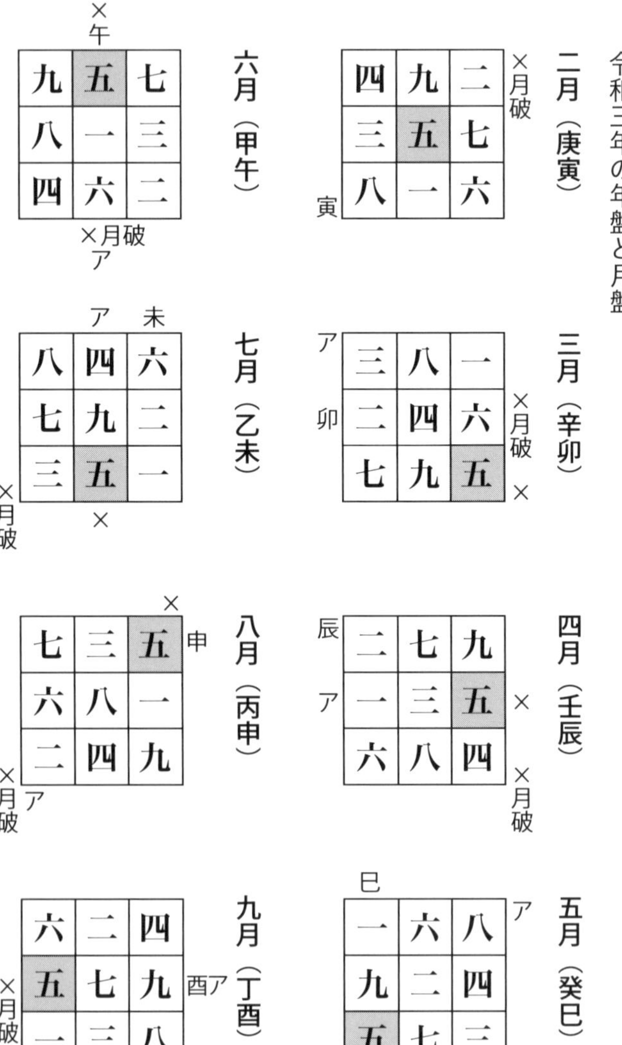

令和三年　辛丑年

東南×	×南（定対）	×西南（歳破）
五	一	三
四	六	八
九	二	七

東：四　西：八　東北：九　北：二　西北：七　㊉丑（東北）　ア（西北）

月別吉方位	一白水星	二黒土星	三碧木星	四緑木星	五黄土星	六白金星	七赤金星	八白土星	九紫火星
二月	東	西			東北 西	西 北	北		東
三月		東北			東北 北			東北 北	東
四月		東北			東北 北	北		東北	北
五月			東		北	北		北	
六月									東 西
七月	東				西	西			西
八月							西		北
九月									北
十月	東	東北 西	東	東北	東北 西・北	西 北	西 北	東北 北	東・西 北
十一月	東	西			東北 西	西 北	北		東
十二月		東北			東北 西・北		西	東北	東
一月		東北			東北 北	北		東北	北

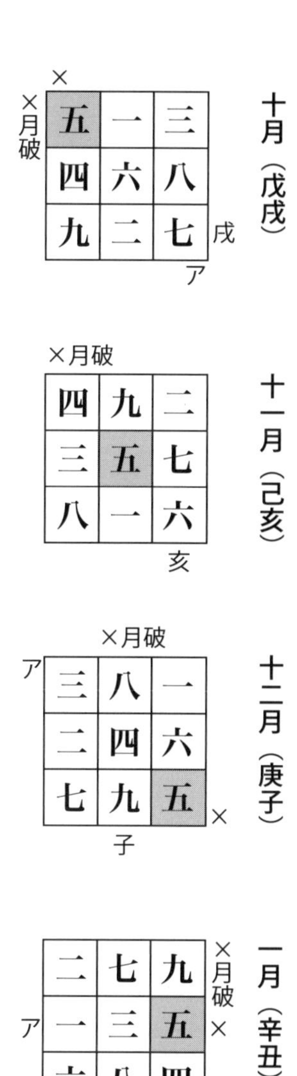

令和四年の年盤と月盤

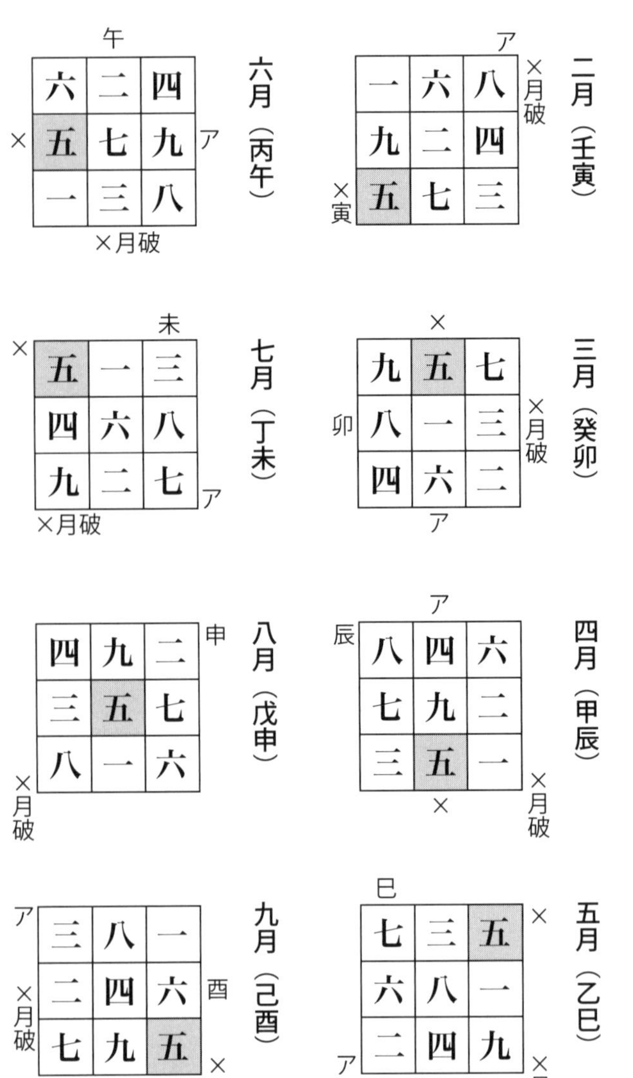
二月（壬寅）
ア
×月破
×寅
一 六 八
九 二 四
五 七 三
三月（癸卯）
×
卯
×月破
ア
九 五 七
八 一 三
四 六 二
四月（甲辰）
ア
辰
×
×月破
八 四 六
七 九 二
三 五 一
五月（乙巳）
巳
×
ア
×月破
七 三 五
六 八 一
二 四 九
六月（丙午）
午
×
ア
×月破
六 二 四
五 七 九
一 三 八
七月（丁未）
未
×
ア
×月破
五 一 三
四 六 八
九 二 七
八月（戊申）
申
×月破
四 九 二
三 五 七
八 一 六
九月（己酉）
ア
×月破
酉
×
三 八 一
二 四 六
七 九 五

令和四年　壬寅年

東南	南	西南（歳破×）
四	九	二
三	五	七
八	一	六
東北（寅）	北	西北

（東：三　西：七）

月別吉方位	一白水星	二黒土星	三碧木星	四緑木星	五黄土星	六白金星	七赤金星	八白土星	九紫火星
二月	西	南			南			南	
三月			東南		西北		西北	西北	東 東北
四月	東				西	西		西	東南 東北
五月	東南								
六月	東南	西北			西北 南		西北	南	
七月	東	西	南	南	西	北 西	北		東
八月	西北 西東 東南	西北 西・南	北 南	北 南	西北 西・南	西	西北	西北 西・南	東南 東
九月	西	南	北	北	東北 西・南			西	
十月	西北	南			東北 南	北	東北		
十一月	西	南			南			南	
十二月	西		東南				西北	西北	東 東北
一月					西	西	西北	西	東南

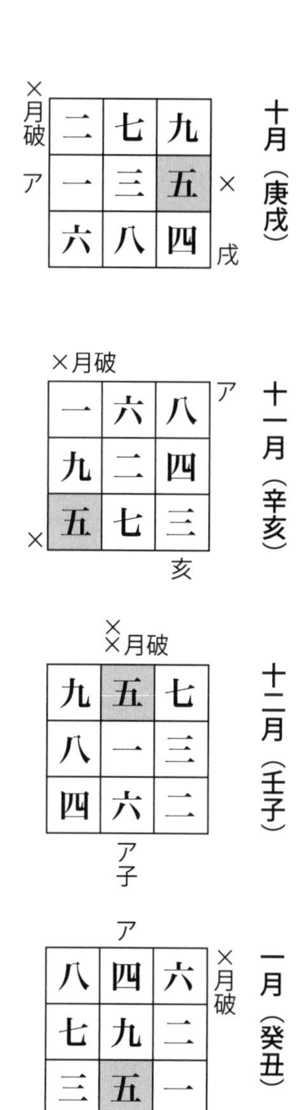

令和五年の年盤と月盤

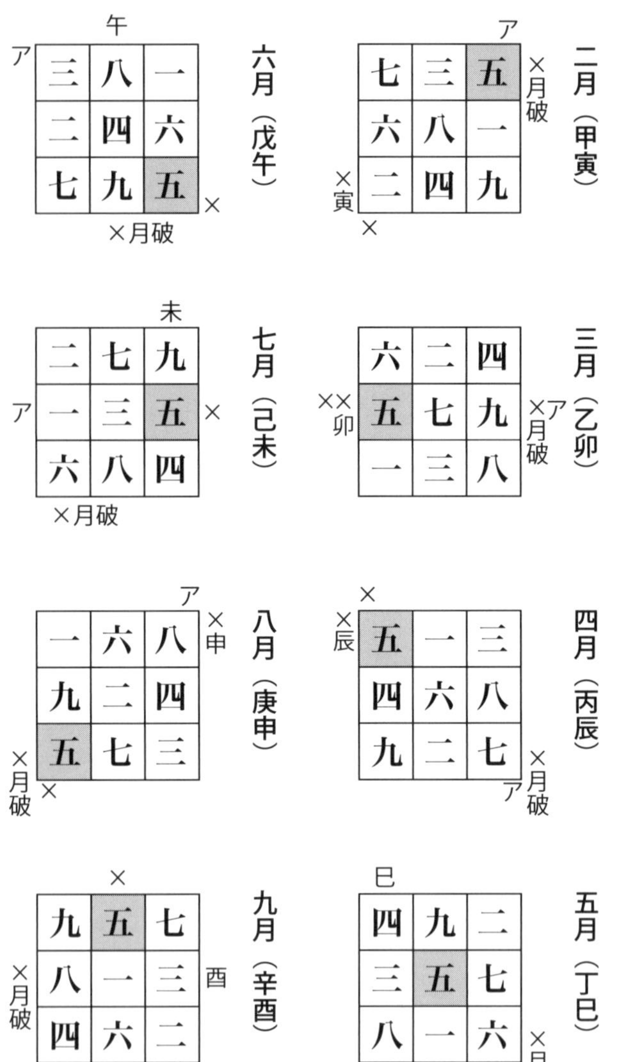
二月（甲寅）
七 三 五
六 八 一
二 四 九
ア
×月破
×寅
×
三月（乙卯）
六 二 四
五 七 九
一 三 八
××卯
×ア月破
四月（丙辰）
五 一 三
四 六 八
九 二 七
×
×辰
×月破
ア
五月（丁巳）
四 九 二
三 五 七
八 一 六
巳
×月破
六月（戊午）
三 八 一
二 四 六
七 九 五
午
ア
×
×月破
七月（己未）
二 七 九
一 三 五
六 八 四
未
ア
×
×月破
八月（庚申）
一 六 八
九 二 四
五 七 三
ア
×申
×月破
×
九月（辛酉）
九 五 七
八 一 三
四 六 二
×
×月破
酉
ア

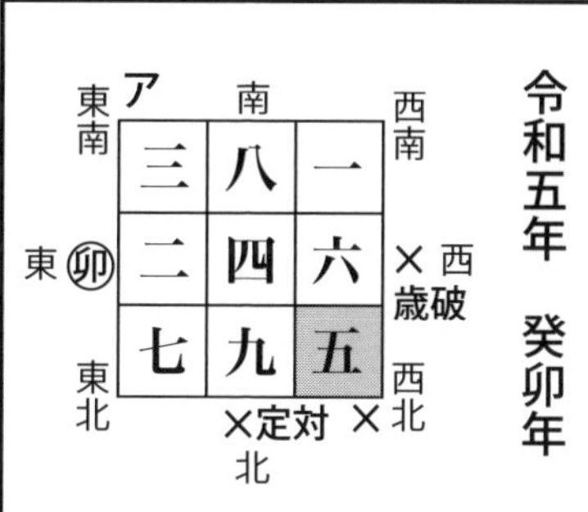

月別吉方位	一白水星	二黒土星	三碧木星	四緑木星	五黄土星	六白金星	七赤金星	八白土星	九紫火星
二月					東		東	東	
三月			西南		南	東北	南		
四月		東北		西南	東北			東北	東
五月		南			東北	東北 西南			東
六月		東北	西南	西南	東北 東	東北 西南	東	東北 東	東
七月		南	西南	西南	南	南			
八月		南			東			東	
九月						西南			
十月								東	
十一月					東		東	東	
十二月			西南			東北			
一月		東北			東北			東北	東

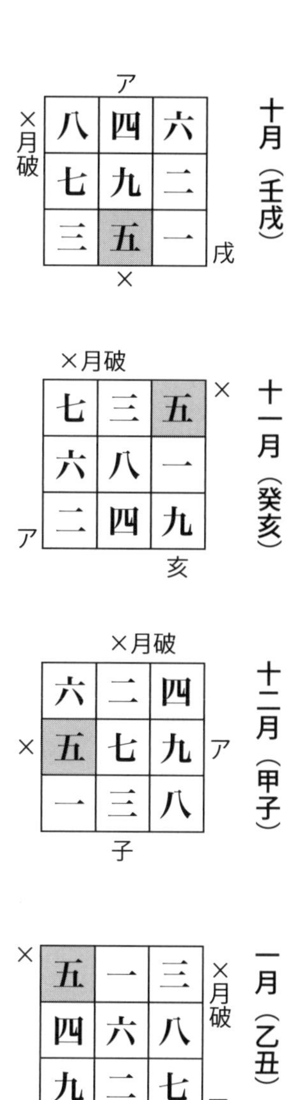

令和六年の年盤と月盤

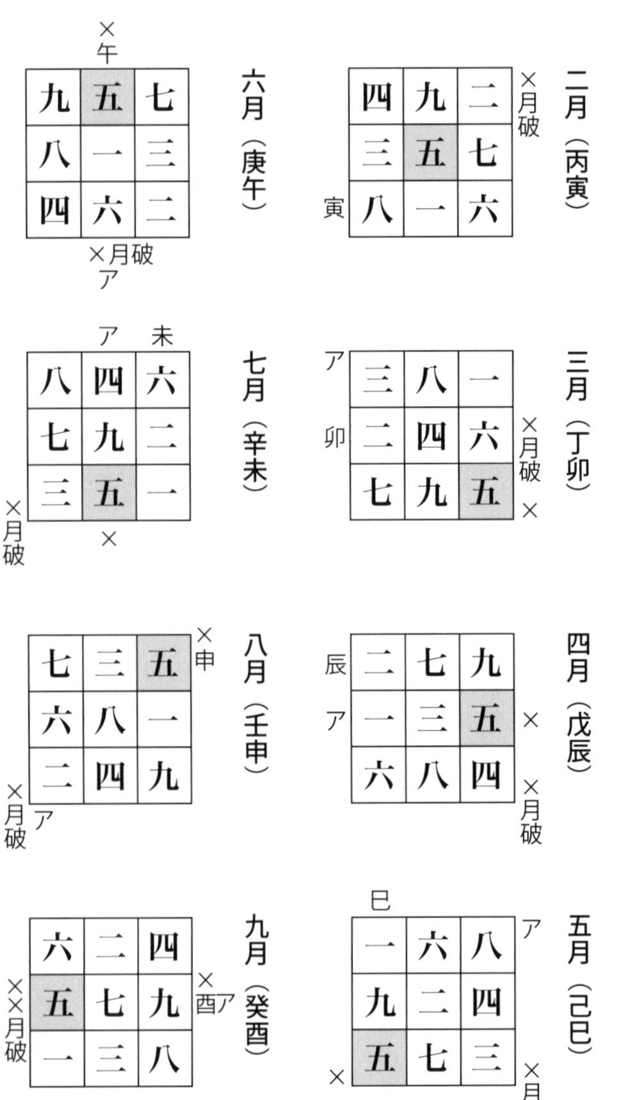

二月（丙寅）

四	九	二
三	五	七
八	一	六

三月（丁卯）

三	八	一
二	四	六
七	九	五

四月（戊辰）

二	七	九
一	三	五
六	八	四

五月（己巳）

一	六	八
九	二	四
五	七	三

六月（庚午）

九	五	七
八	一	三
四	六	二

七月（辛未）

八	四	六
七	九	二
三	五	一

八月（壬申）

七	三	五
六	八	一
二	四	九

九月（癸酉）

六	二	四
五	七	九
一	三	八

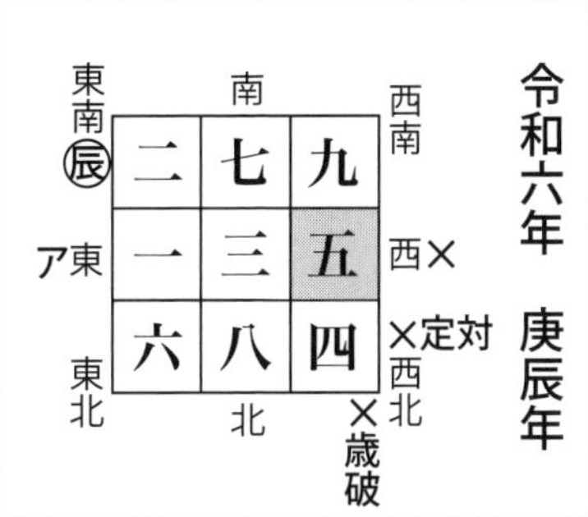

月別吉方位	一白水星	二黒土星	三碧木星	四緑木星	五黄土星	六白金星	七赤金星	八白土星	九紫火星
二月		南			東北、南	北			東南
三月		東北、南・北	西南	西南	東北、南・北	南			
四月	東北、南	東北、北・南、西南	西南	西南	東北、東南、西南、北・南	東南、北・南	東北	西南、東北、東南	東南、北
五月	南	南、北			南、北	東南	東南		
六月	東北	西南			東南、西南			東南、西南	
七月		西南			東南、西南	東南	東南	西南	東南
八月	南				東南	東南		東南	北
九月			西南		東南、南	南	東南、東北		北
十月		東北		西南	東北、北	南、北		東北	北
十一月					東北、南、西南	北			
十二月		東北、北	西南	西南	東北、北			東北	
一月	東北、南	東北、南・北			東北、東南、北・南	東南、北・南	東南、東北	東南、東北	東南、北

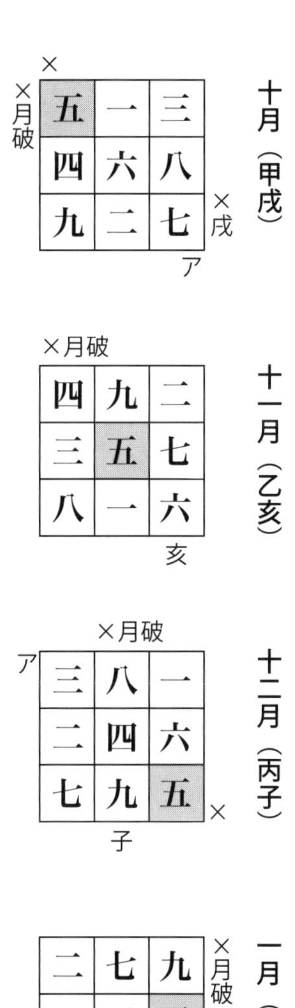

令和七年の年盤と月盤

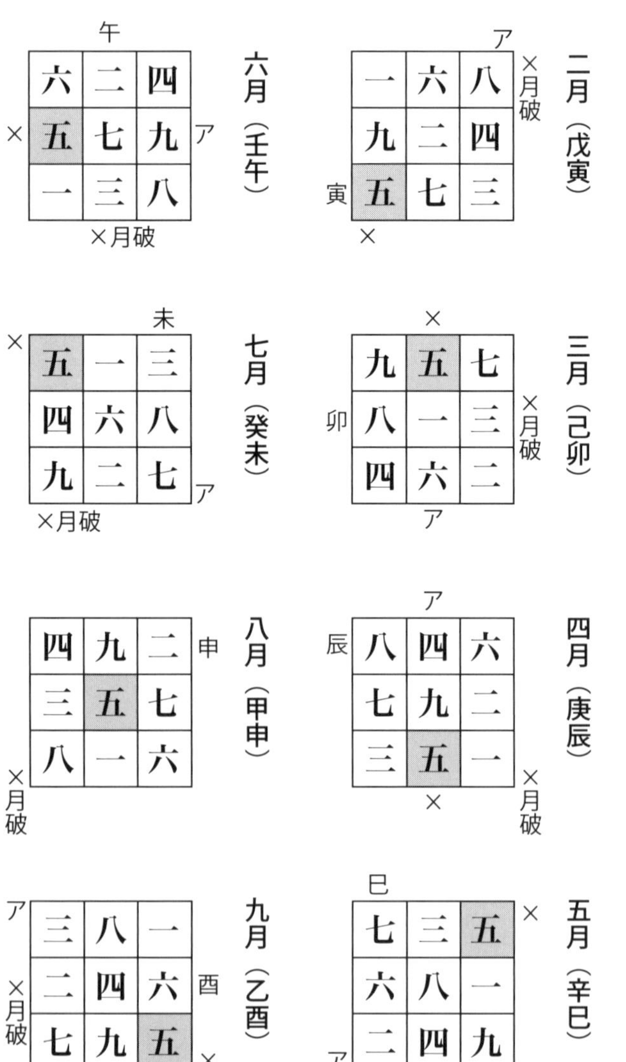

二月（戊寅）
一 六 八
九 二 四
五 七 三
ア
×月破
寅
×
三月（己卯）
九 五 七
八 一 三
四 六 二
×
×月破
卯
ア
四月（庚辰）
八 四 六
七 九 二
三 五 一
ア
辰
×
×月破
五月（辛巳）
七 三 五
六 八 一
二 四 九
巳
×
ア
×月破
六月（壬午）
六 二 四
五 七 九
一 三 八
午
×
ア
×月破
七月（癸未）
五 一 三
四 六 八
九 二 七
未
×
ア
×月破
八月（甲申）
四 九 二
三 五 七
八 一 六
申
×月破
九月（乙酉）
三 八 一
二 四 六
七 九 五
ア
×月破
酉
×

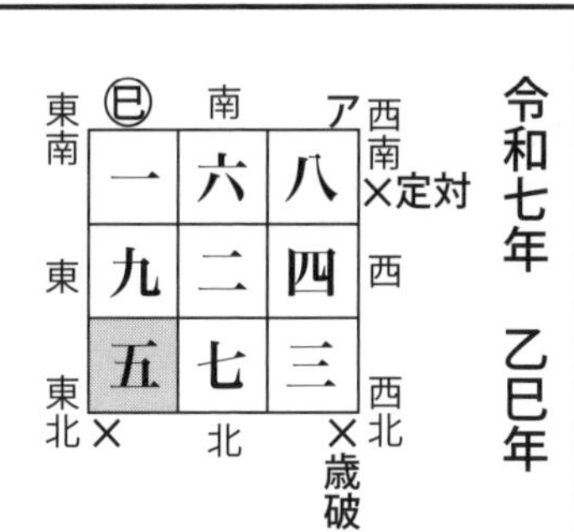

月別吉方位	一白水星	二黒土星	三碧木星	四緑木星	五黄土星	六白金星	七赤金星	八白土星	九紫火星
二月	西南・北	東南・北	東 西	東南	東南・北	東南	東南	東南・北	
三月				東南	東				
四月					東	東南	東南	東	
五月	南 北	東	西		東	東南		東	
六月					南		東南	南	
七月			東		北			北	
八月	西	南			南			南	
九月	西	南 北			南 北				
十月	南	南 北			南 北				
十一月	西南・北	東南・北	東 西		東南・北			東南・北	
十二月	西	東			東				
一月					東	東南	東南	東	

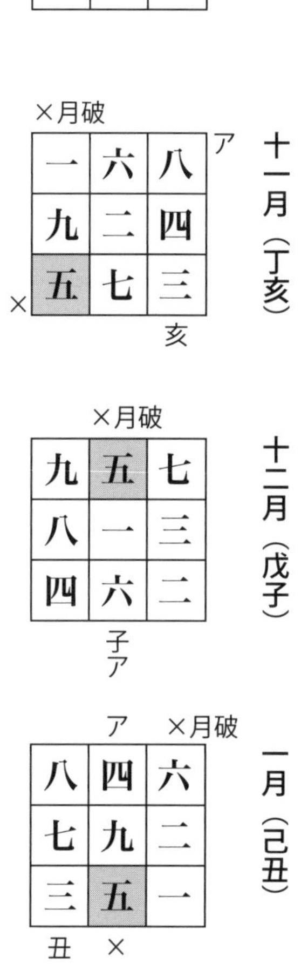

令和八年の年盤と月盤

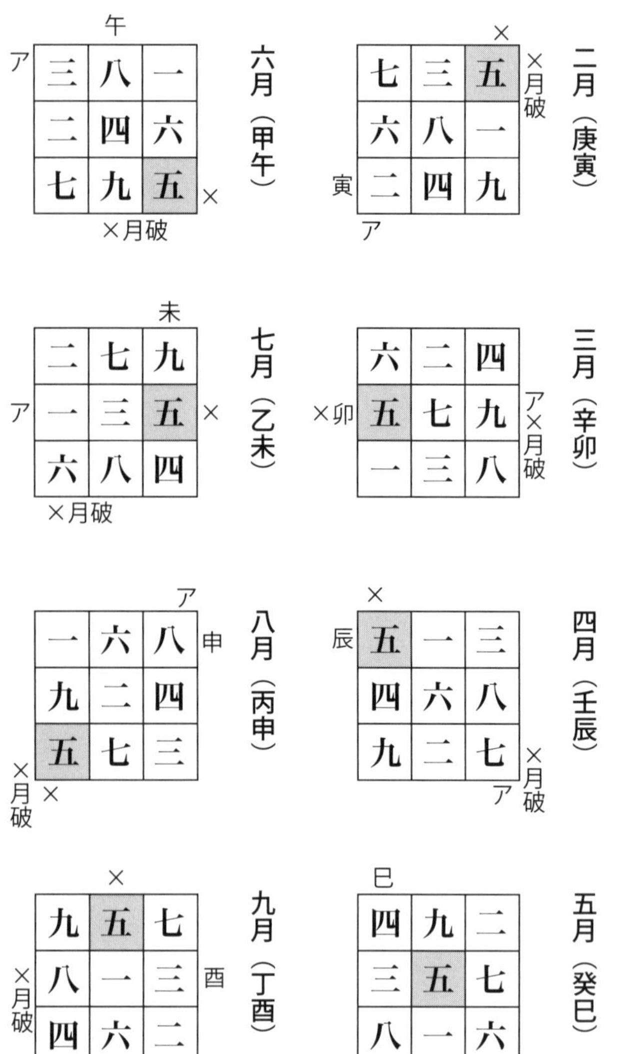
二月（庚寅）
×
七 三 五 ×月破
六 八 一
寅 二 四 九
ア
三月（辛卯）
六 二 四
×卯 五 七 九 ア×月破
一 三 八
四月（壬辰）
×
辰 五 一 三
四 六 八
九 二 七 ×月破
ア
五月（癸巳）
巳
四 九 二
三 五 七
八 一 六
×月破
六月（甲午）
午
ア 三 八 一
二 四 六
七 九 五 ×
×月破
七月（乙未）
未
二 七 九
ア 一 三 五 ×
六 八 四
×月破
八月（丙申）
ア
一 六 八 申
九 二 四
五 七 三
×月破 ×
九月（丁酉）
×
九 五 七
×月破 八 一 三 酉
四 六 二
ア

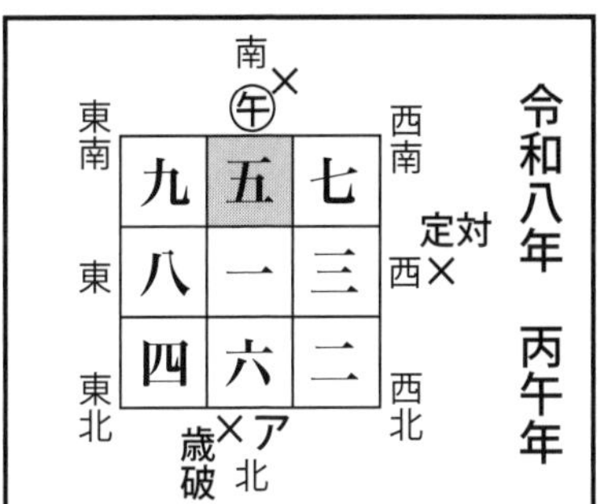

月別吉方位	一白水星	二黒土星	三碧木星	四緑木星	五黄土星	六白金星	七赤金星	八白土星	九紫火星
二月		東			東南 西北 東			東南 西北	
三月			東北		東南 西北		西北		
四月	西南								東
五月			東南		西南	西南			東
六月					東		東		東
七月					東南 西南			東南 西南	
八月		東		東南	東				
九月	東北 西南	西南	東北 東南	東南	東南 西南 西北	西南 西北	西北	東南 西南 西北	
十月	東北 西南	西南			西南 東	東北 東	西北	西南	東北
十一月		東			西北 東		東	西北	
十二月			東北		東南 西北		西北		
一月									東

東南

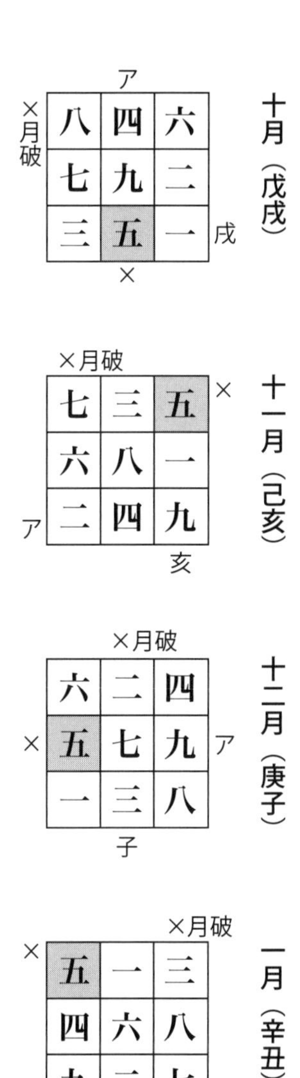

令和九年の年盤と月盤

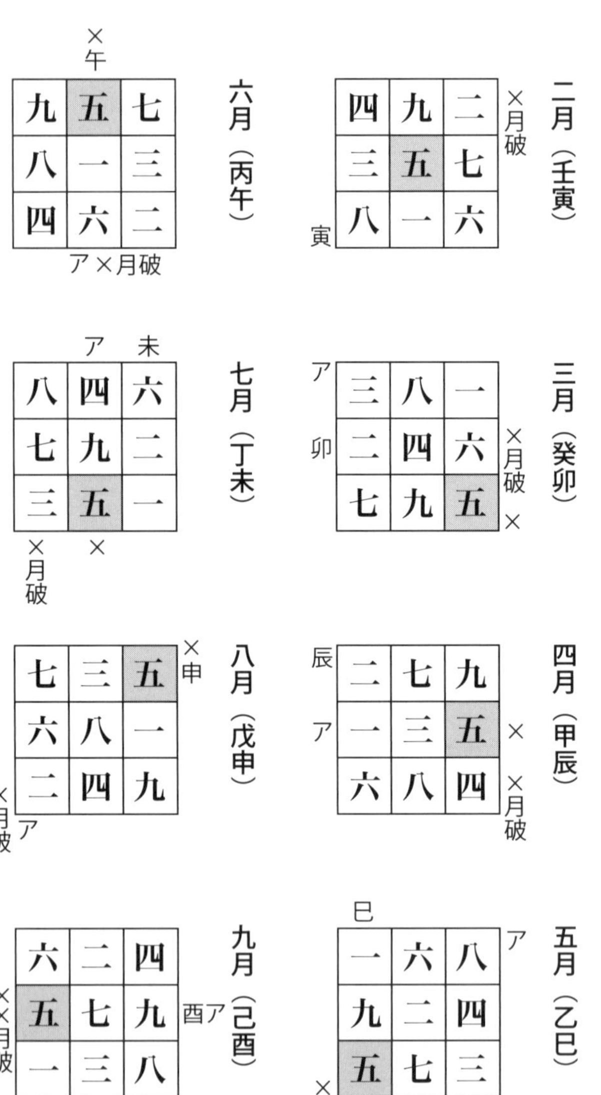

二月（壬寅）
四 九 二
三 五 七
八 一 六
×月破
寅
三月（癸卯）
三 八 一
二 四 六
七 九 五
ア
卯
×月破
×
四月（甲辰）
二 七 九
一 三 五
六 八 四
辰
ア
×
×月破
五月（乙巳）
一 六 八
九 二 四
五 七 三
巳
ア
×
×月破
六月（丙午）
九 五 七
八 一 三
四 六 二
×午
ア×月破
七月（丁未）
八 四 六
七 九 二
三 五 一
ア
未
×月破
×
八月（戊申）
七 三 五
六 八 一
二 四 九
×申
×月破
ア
九月（己酉）
六 二 四
五 七 九
一 三 八
××月破
酉ア

十月（庚戌）

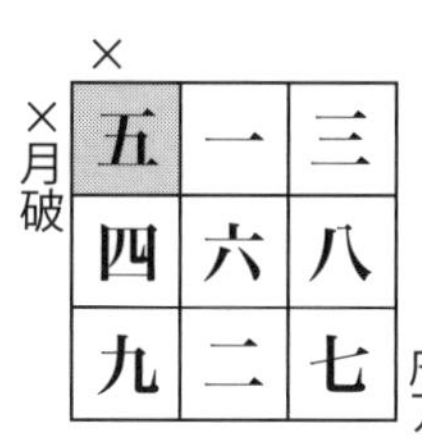

十一月（辛亥）

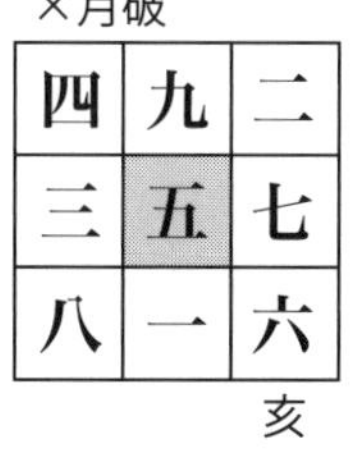

十二月（壬子）

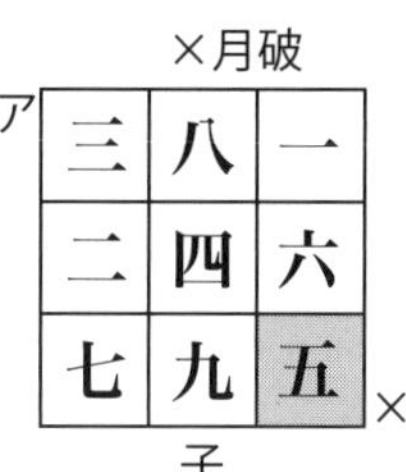

一月（癸丑）

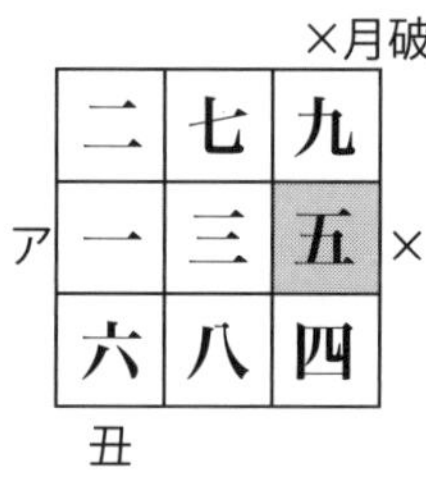

令和九年　丁未年

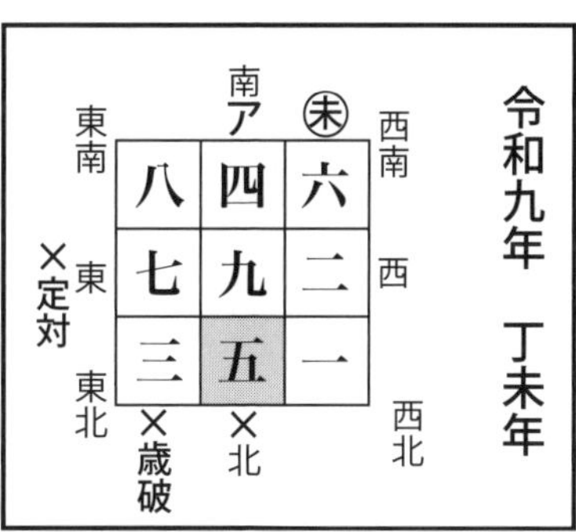

月別吉方位	一白水星	二黒土星	三碧木星	四緑木星	五黄土星	六白金星	七赤金星	八白土星	九紫火星
二月					西	西		西	東南
三月									
四月		西南			東南 西南	東南	東南	西南	東南
五月						東南	東南		
六月	西南	西南			東南 西南			西南	西
七月	西南	東南 西南	西北	西北	東南 西南 西	東南 西北	東南 西南 西北	西南	東南 西
八月		東南	西北	西北	東南	東南			
九月		東南			東南		東南 西北		
十月	西南				西	西			西
十一月					西	西	西南 西北	西	
十二月					西			西	
一月			西北		東南	東南	東南		東南

令和十年の年盤と月盤

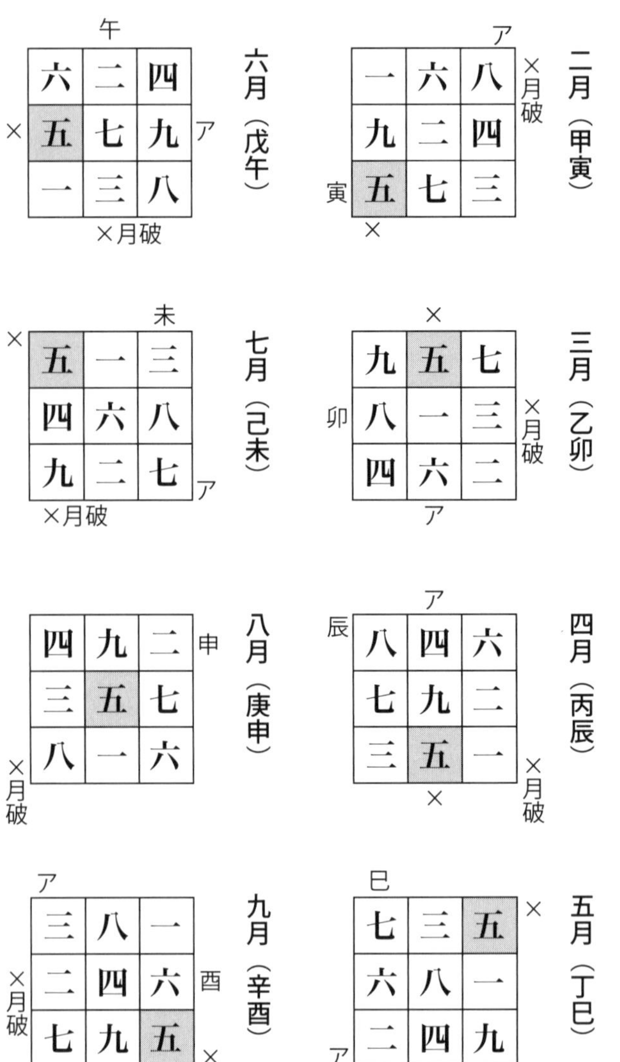
二月（甲寅）
ア
×月破
一 六 八
九 二 四
五 七 三
寅
×
三月（乙卯）
×
九 五 七
八 一 三
四 六 二
卯
×月破
ア
四月（丙辰）
ア
辰
八 四 六
七 九 二
三 五 一
×
×月破
五月（丁巳）
巳
×
七 三 五
六 八 一
二 四 九
ア
×月破
六月（戊午）
午
六 二 四
五 七 九
一 三 八
×
ア
×月破
七月（己未）
未
×
五 一 三
四 六 八
九 二 七
ア
×月破
八月（庚申）
四 九 二
三 五 七
八 一 六
申
×月破
九月（辛酉）
ア
三 八 一
二 四 六
七 九 五
×月破
酉
×

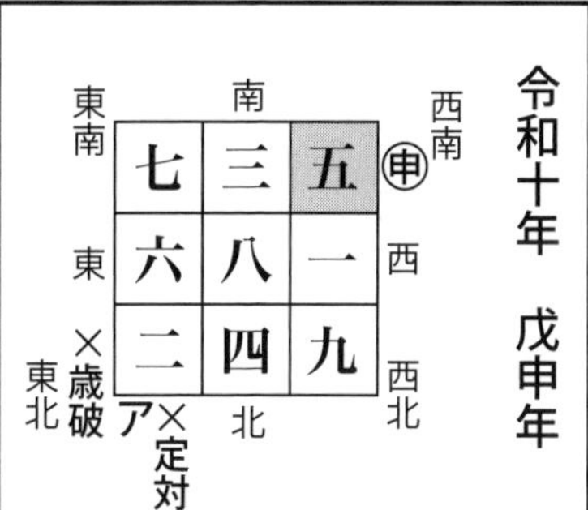

月別吉方位	一白水星	二黒土星	三碧木星	四緑木星	五黄土星	六白金星	七赤金星	八白土星	九紫火星
二月	南 北	東	西	西北	東	東南		東	
三月					西北 東南			西北 東南	
四月		東南			東南 東	東南		東	
五月	東南 南・北	東南 東	西	西	東南 東	東南	東 西	東南 東	南 北
六月	東南	東南 西北			東南 西北				南
七月							西		北
八月	東南	西北			西北			西北	
九月							西		
十月	南		西北						北
十一月	南 北	東	西		東			東	
十二月		東		西	東南 西北 東		東	東南 西北	
一月		東南	西北	西北	東南 東	東南		東	

十月（壬戌）

月破×

二	七	九
一	三	五
六	八	四

ア　×　戌

十一月（癸亥）

×月破　ア

一	六	八
九	二	四
五	七	三

×　亥

十二月（甲子）

××月破

九	五	七
八	一	三
四	六	二

子
ア

一月（乙丑）

ア　×月破

八	四	六
七	九	二
三	五	一

丑　×

令和十一年の年盤と月盤

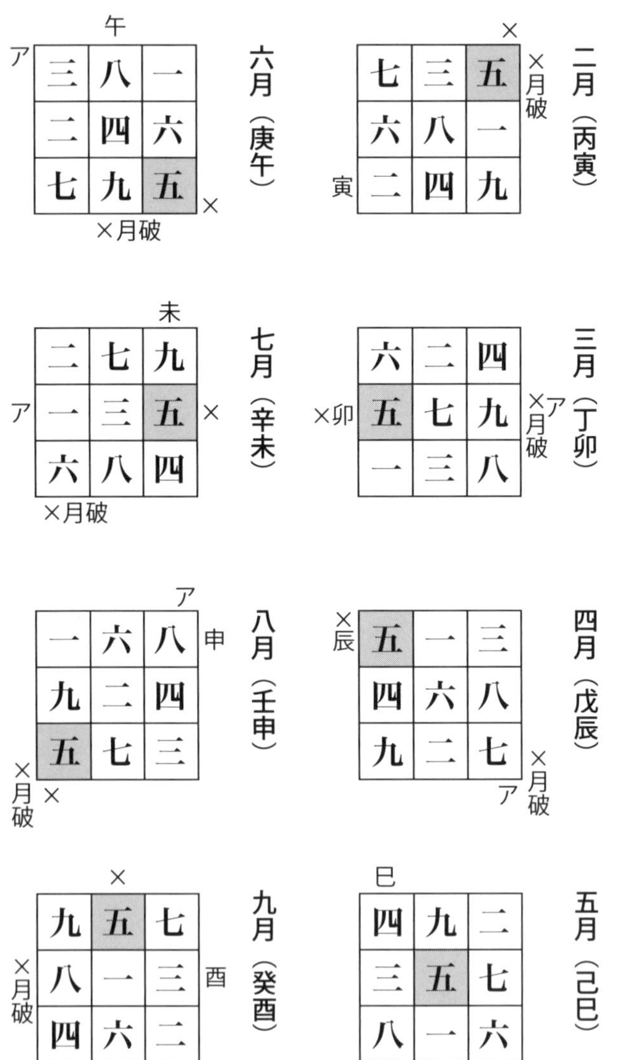

二月（丙寅）

七	三	五
六	八	一
二	四	九

三月（丁卯）

六	二	四
五	七	九
一	三	八

四月（戊辰）

五	一	三
四	六	八
九	二	七

五月（己巳）

四	九	二
三	五	七
八	一	六

六月（庚午）

三	八	一
二	四	六
七	九	五

七月（辛未）

二	七	九
一	三	五
六	八	四

八月（壬申）

一	六	八
九	二	四
五	七	三

九月（癸酉）

九	五	七
八	一	三
四	六	二

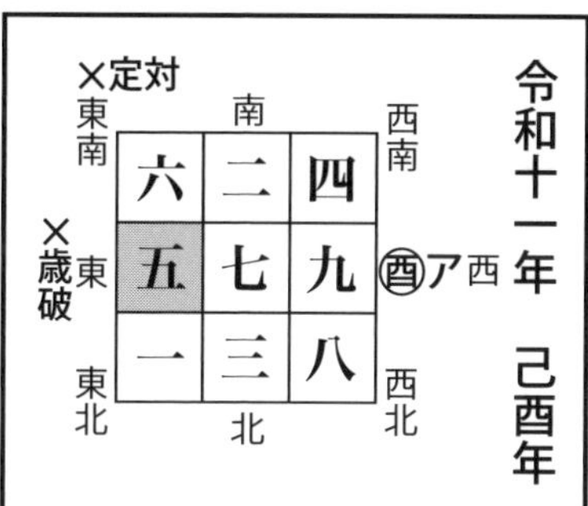

月別吉方位	一白水星	二黒土星	三碧木星	四緑木星	五黄土星	六白金星	七赤金星	八白土星	九紫火星
二月	北	西北			西北				南・北
三月	北	西北	東北・西南	北	西北・南	東北・南	東北・西北・南	南	西南・西北・南・北
四月						南	南		北
五月				北	南			南	西南
六月			西南		南	東北・南	南		
七月			西南		南	南			北・西北
八月	北				南			南	西北
九月			東北		西北		西北		
十月							西北		
十一月	北	西北			西北				南・北
十二月	北	西北	東北・西南	北	西北	東北	東北・西北		西南・西北・北
一月						南	南		北

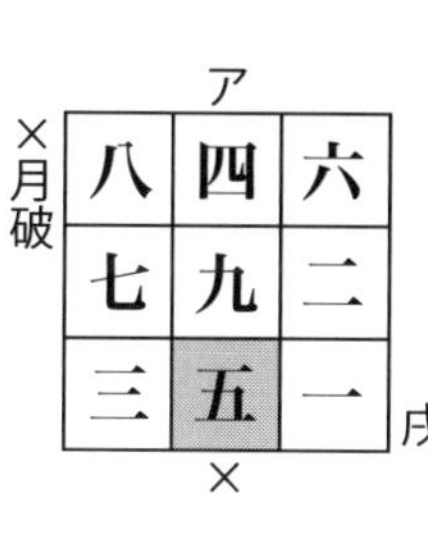

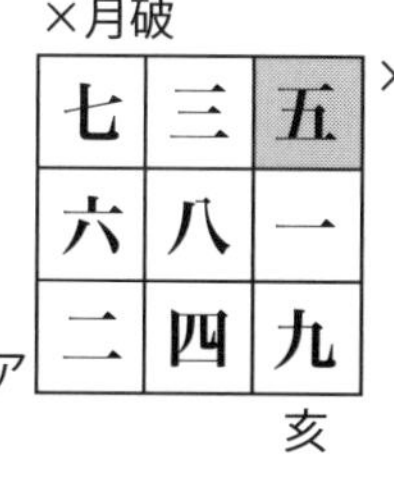

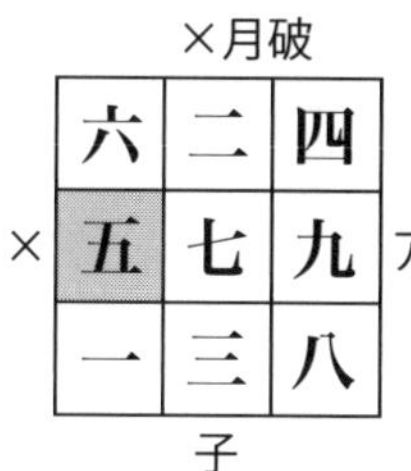

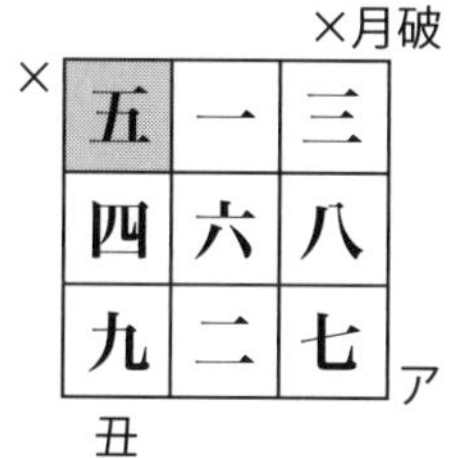

令和十二年の年盤と月盤

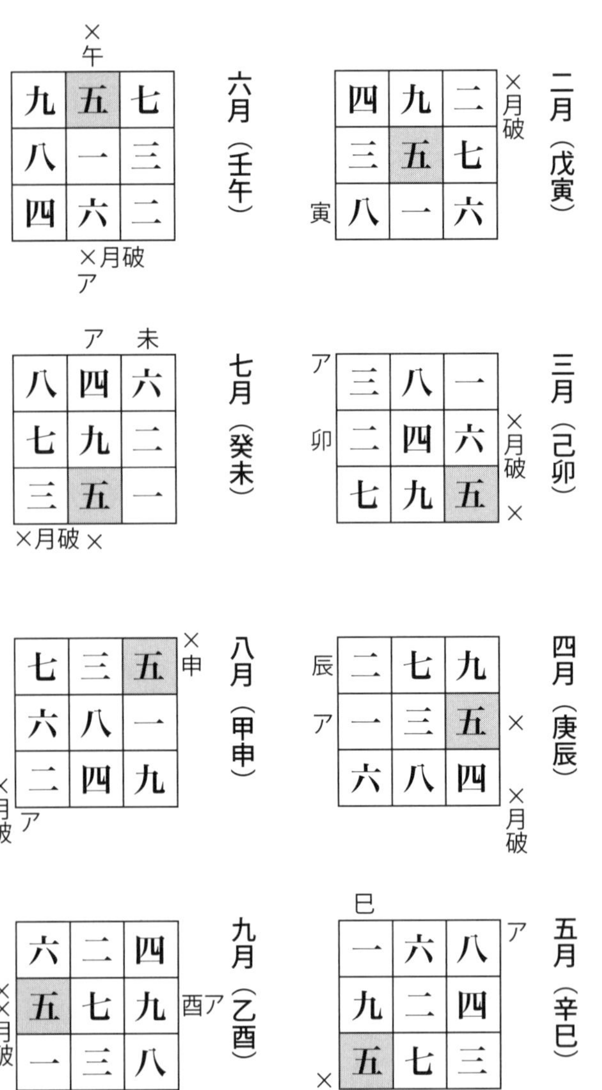

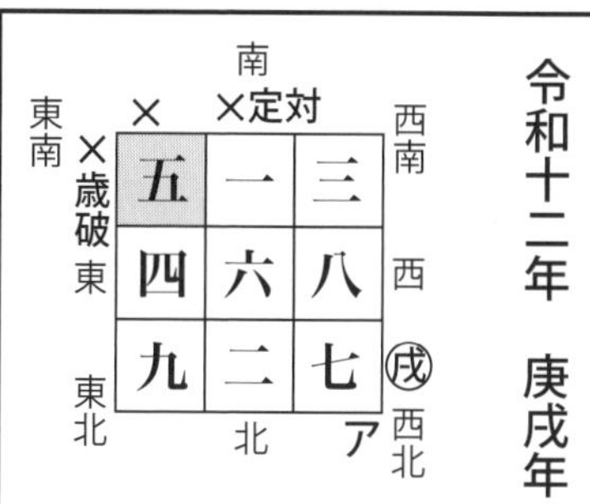

月別吉方位	一白水星	二黒土星	三碧木星	四緑木星	五黄土星	六白金星	七赤金星	八白土星	九紫火星
二月	東	西			東北・西	北・西	北		東
三月		東北		西南	東北・北			東北	東
四月				西南	東北・北	北		東北	北
五月			東		北				
六月	西南								東・西
七月	西南				西	西			西
八月							西		北
九月									
十月	西南・東	東北・西	東	東北・西南	東北・西・北	北・西	北・西	東北・北	北・東・西
十一月	東	西			東北・西	北・西	北		東
十二月		東北		西南	東北・西・北		西	東北	東
一月		東北			東北・北	北		東北	北

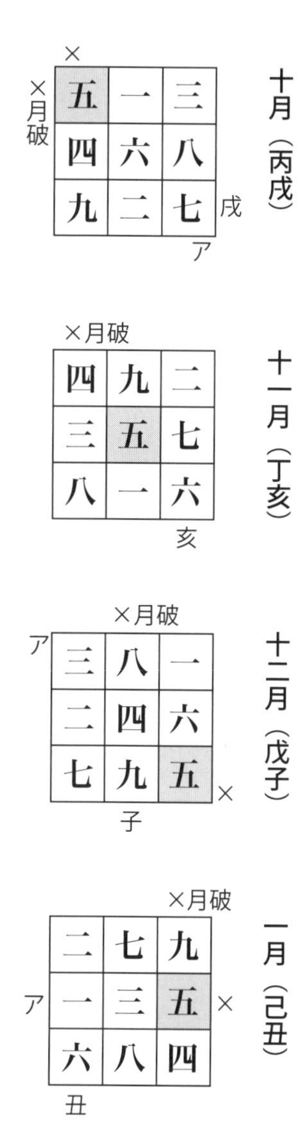

令和十三年の年盤と月盤

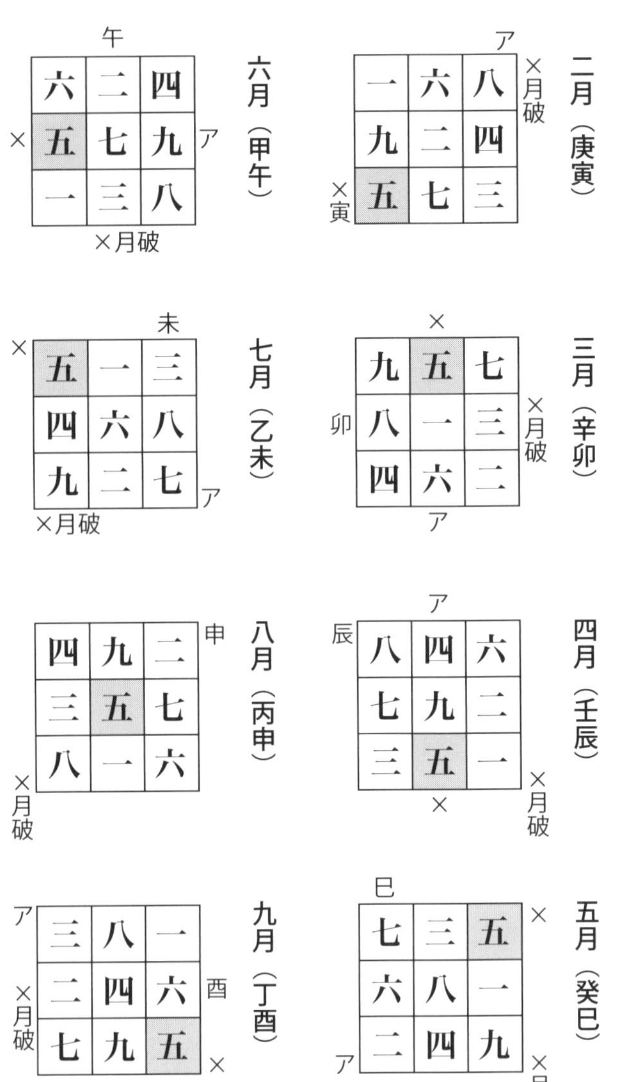

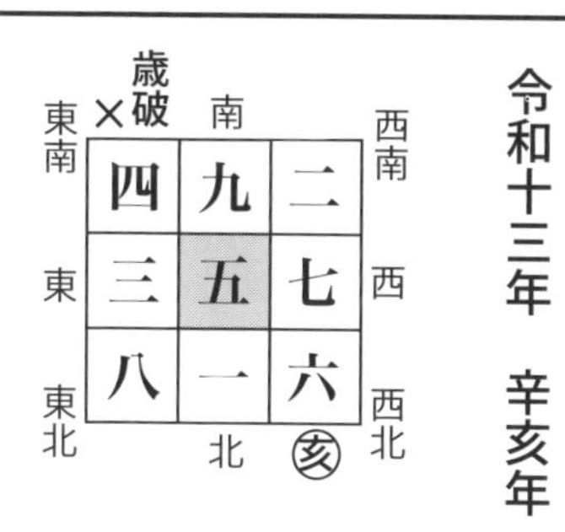

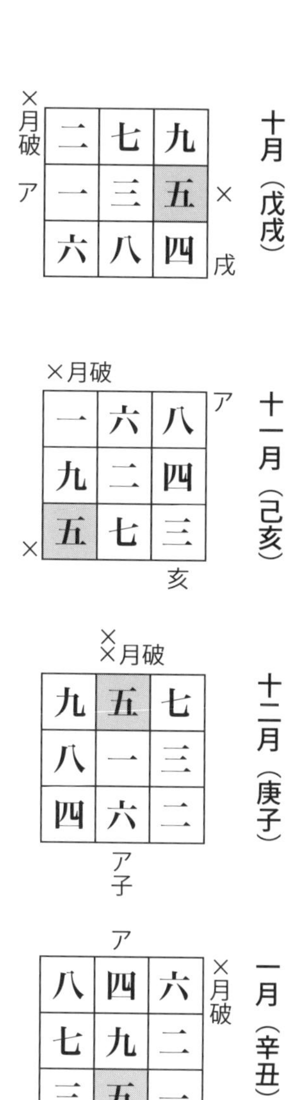

月別吉方位	一白水星	二黒土星	三碧木星	四緑木星	五黄土星	六白金星	七赤金星	八白土星	九紫火星
二月	西	南			南			南	
三月					西南 西北	西南	西北	西北	東北 東
四月	東				西南 西	西	西南	西	東北
五月									
六月					西北 南	東北	東北 西北	南	西南
七月	東	西	南	南	西	北 西	北		東
八月	西北 東・西	西北 南・西	北 南	北・南 東	西北 西・南 西南	西南 西・北	西南 北 西北	西北 西・南	東
九月	西	南	北	北	南 西	東北 西南		西	
十月	西北	南			東北 南 西南	北	東北		
十一月	西	南			南			南	
十二月	西				西南 西北	西南	西北		東北
一月	東				西	西	西北	西	東北

令和十四年の年盤と月盤

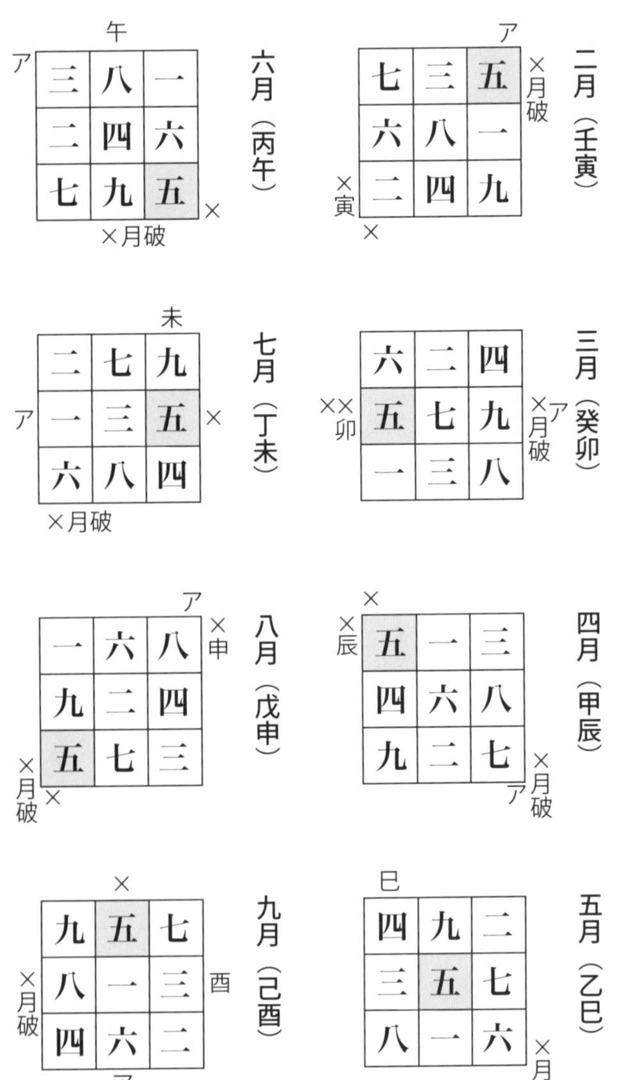

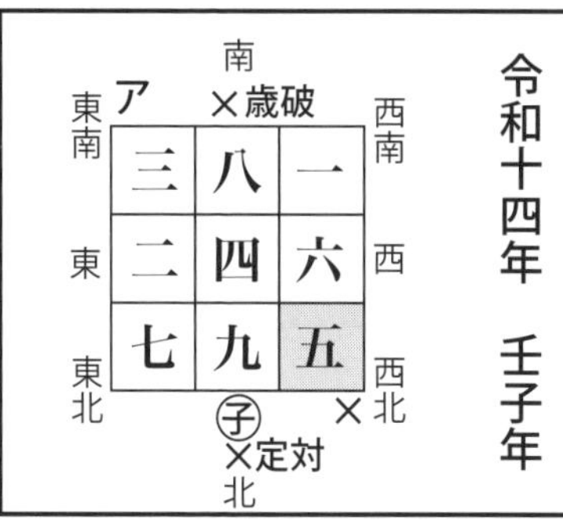

月別吉方位	一白水星	二黒土星	三碧木星	四緑木星	五黄土星	六白金星	七赤金星	八白土星	九紫火星
二月					東		東 西	東	
三月			西南			東北			
四月		東北		西南	東北 西		西	東北	東
五月	西				東北 西	東北 西南		西	東
六月	西	東北	西南	西南	東北 東・西	東北 西南	東 西	東北 東・西	東
七月			西南	西南					
八月	西				東			東	
九月	西					西南			
十月					東 西			東 西	
十一月					東		東 西	東	
十二月			西南			東北			
一月		東北			東北 西		西	東北	東

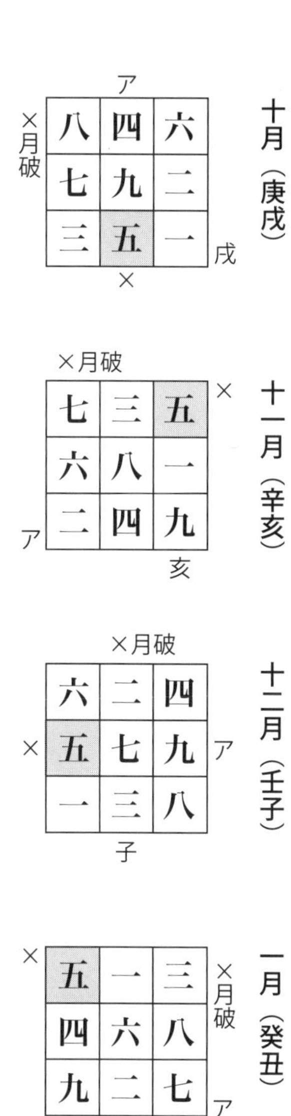

令和十五年の年盤と月盤

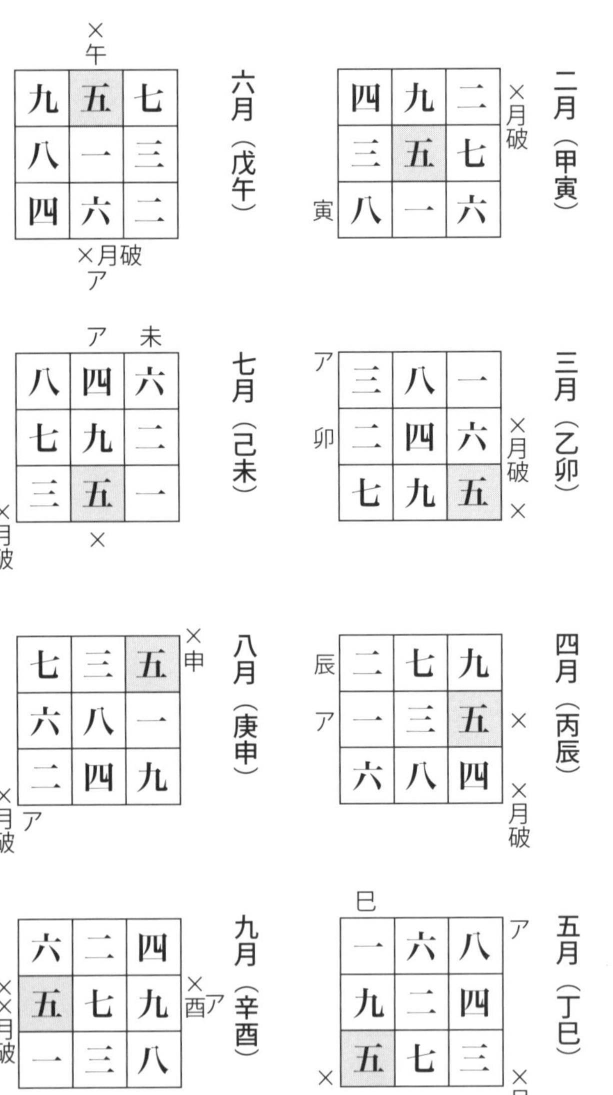

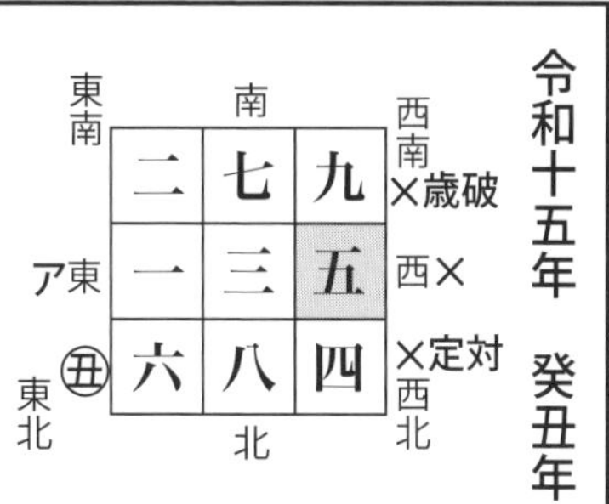

月別吉方位	一白水星	二黒土星	三碧木星	四緑木星	五黄土星	六白金星	七赤金星	八白土星	九紫火星
二月		南			東北 南	北	東北		東南
三月		東北 南・北			東北 南・北	南		東北	
四月	東北 南	東北 南・北			東北 北・南 東南	東南 北・南	東北 東南	東北 東南	東南 北
五月	南	南 北			南 北	東南	東南		
六月	東北				東南			東南	
七月					東南	東南	東南		東南
八月	南				東南	東南		東南	北
九月					東南 南	南	東北 東南		北
十月		東北			東北 北	南 北		東北	北
十一月		南			東北 南	北	東北		
十二月		東北 北			東北 北			東北	
一月	東北 南	東北 南・北			東北 北・南 東南	東南 北・南	東北 東南	東北 東南	東南 北

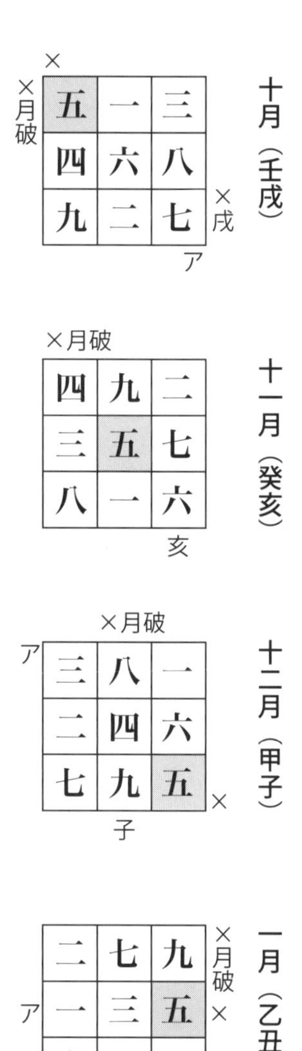

令和十六年の年盤と月盤

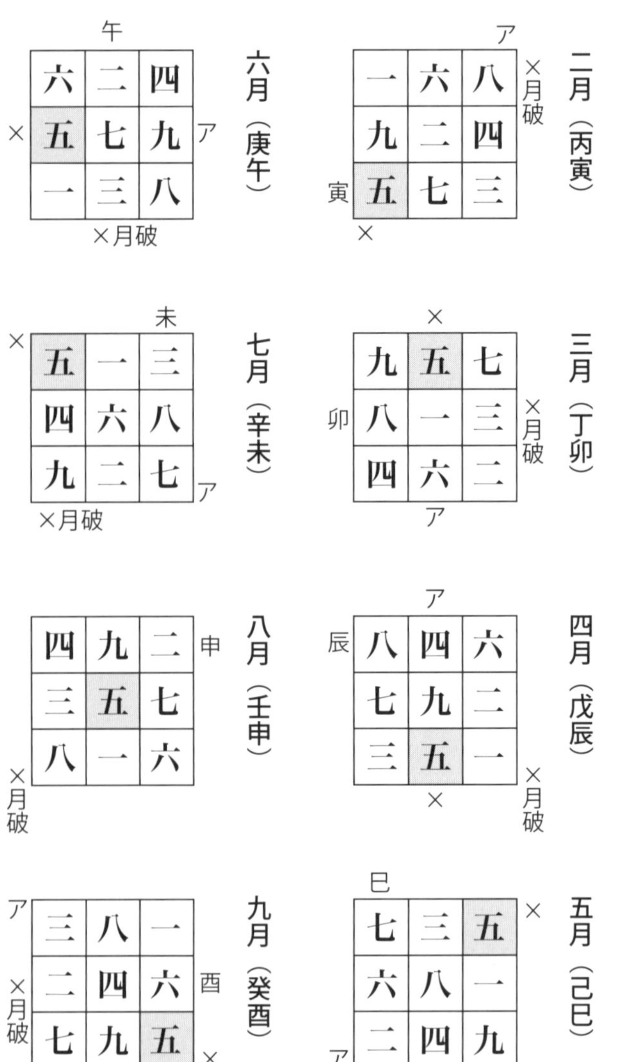

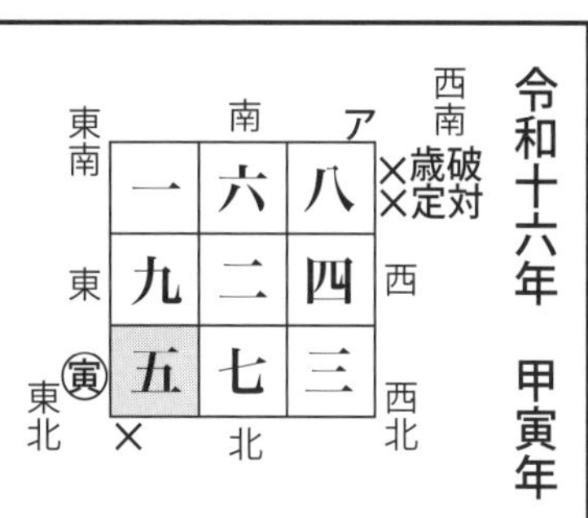

月別吉方位	一白水星	二黒土星	三碧木星	四緑木星	五黄土星	六白金星	七赤金星	八白土星	九紫火星
二月	西 南・北	東 南・北	東 西	東南 西北	東 南・北	東南	東南	東 南・北	西北
三月		東		東南	東				
四月					東	東南	東南	東	
五月	南 北	東	西		東	東南		東	
六月					南		東南	南	西北
七月			東		北			北	
八月	西	南			南			南	
九月	西	南 北			南 北				
十月	南	南 北			南 北				西北
十一月	西 南・北	東 南・北	東 西	西北	東 南・北			東 南・北	西北
十二月	西	東		東南	東				
一月				西北	東	東南	東南	東	

十月（甲戌）

×月破ア（西側）　×（五の東側）　戌

二	七	九
一	三	五
六	八	四

十一月（乙亥）

×月破　ア　×　亥

一	六	八
九	二	四
五	七	三

十二月（丙子）

×月破　子ア

九	五	七
八	一	三
四	六	二

一月（丁丑）

ア　×月破　丑　×

八	四	六
七	九	二
三	五	一

令和十七年の年盤と月盤

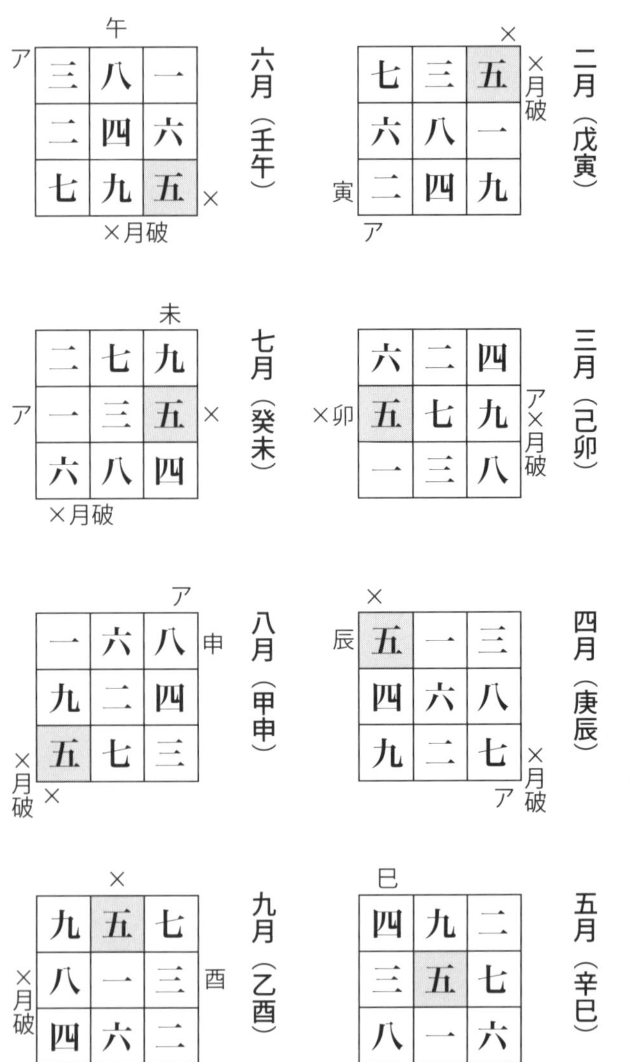

令和十七年　乙卯年

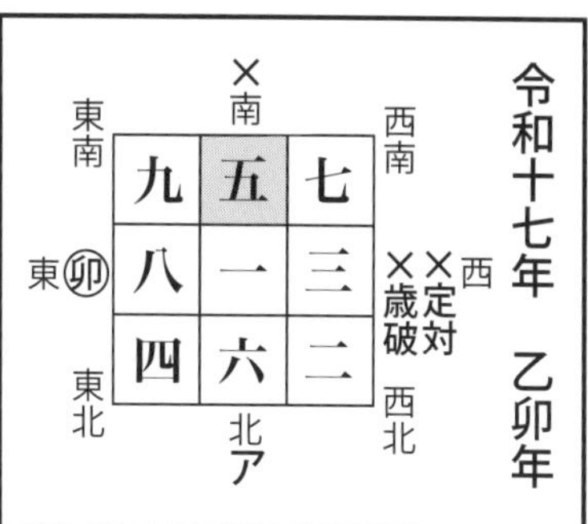

十月（丙戌）

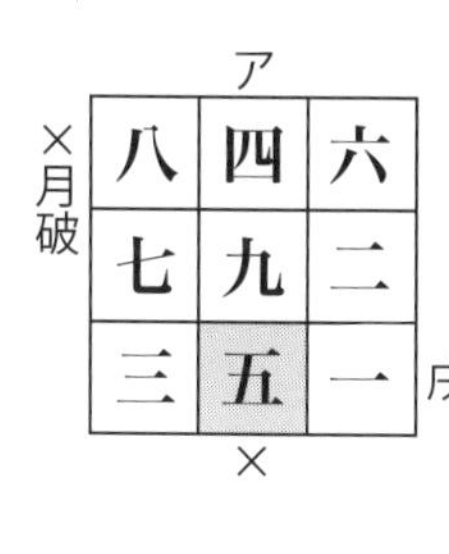

十一月（丁亥）

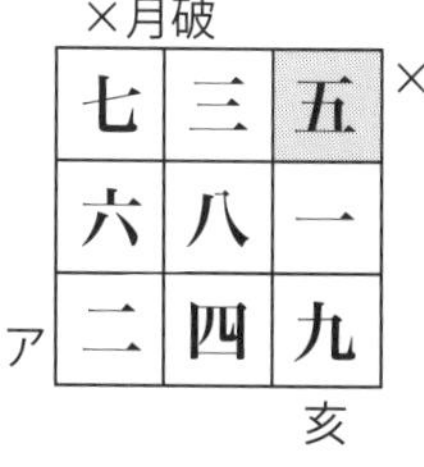

十二月（戊子）

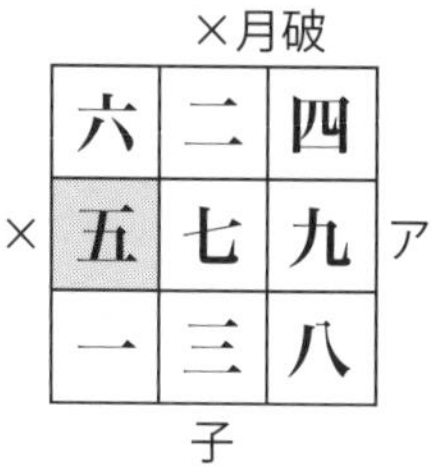

一月（己丑）

×月破

×		
五	一	三
四	六	八
九	二	七

ア　丑

東南

月別吉方位	一白水星	二黒土星	三碧木星	四緑木星	五黄土星	六白金星	七赤金星	八白土星	九紫火星
二月		東			東南 西北		東	東南 西北	
三月			東北		東南 西北		西北		
四月	西南								東
五月			東南		西南	西南			東北 東
六月					東	西南	東		東
七月		西南			東南 西南			東南 西南	
八月		東		東南	東				
九月	東北 西南	西南	東北 東南	東南	東南 西南 西北	西南 西北	西北	東南 西南 西北	東北
十月	東北 西南	西南			西南 東	西北 東	西北	西南	東北
十一月					西北		東	西北	
十二月			東北		東南 西北		西北		
一月									東

東京を中心とした日本地図

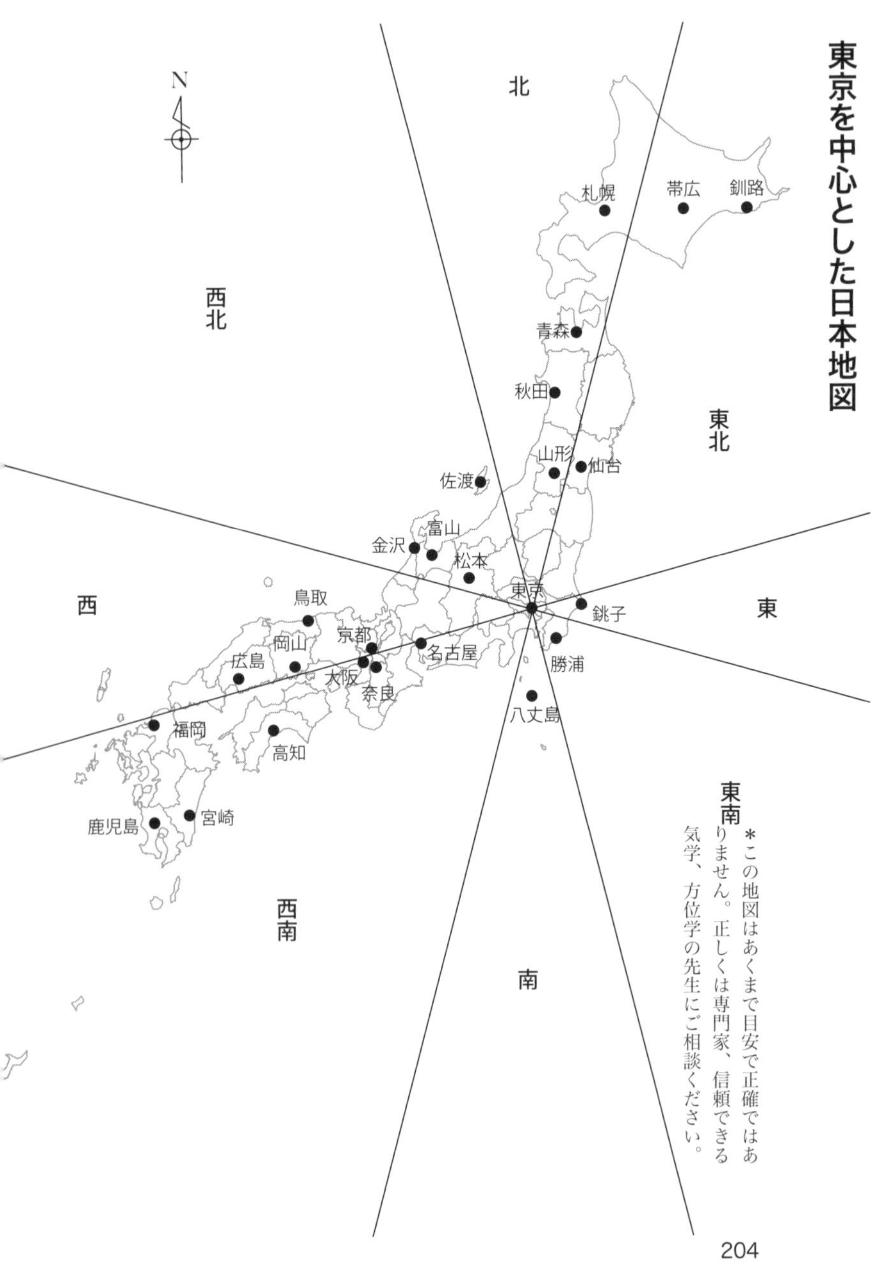

＊この地図はあくまで目安で正確ではありません。正しくは専門家、信頼できる気学、方位学の先生にご相談ください。

大阪を中心とした日本地図

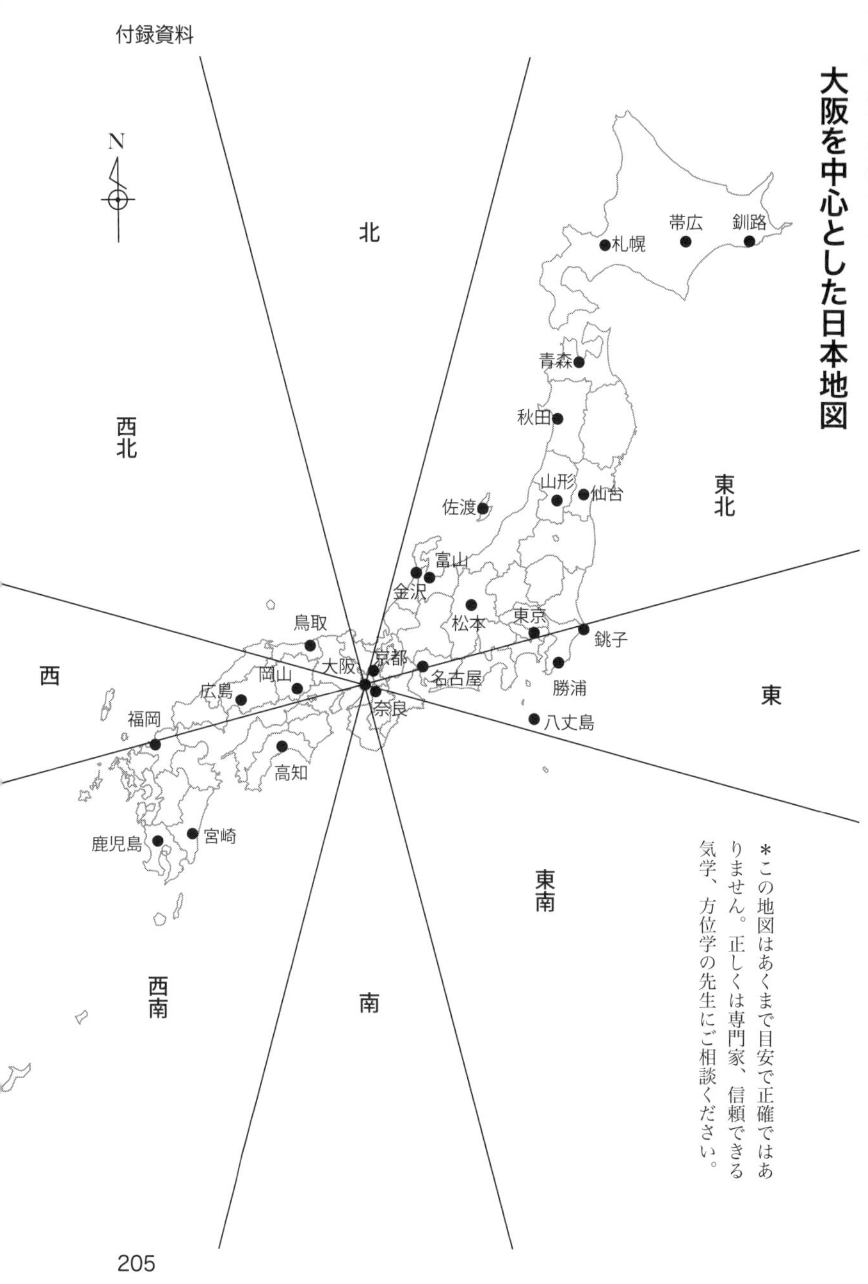

＊この地図はあくまで目安で正確ではありません。正しくは専門家、信頼できる気学、方位学の先生にご相談ください。

東京を中心とした世界地図

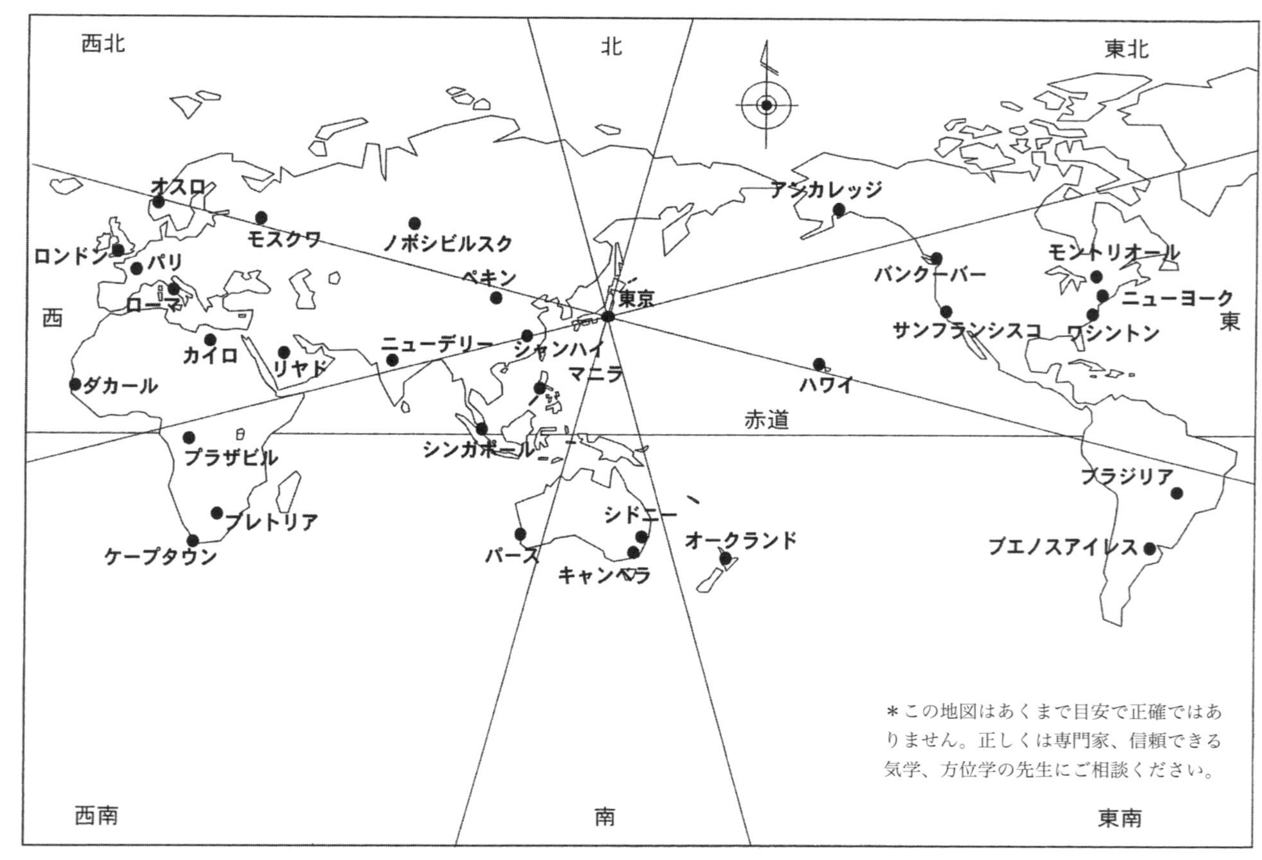

＊この地図はあくまで目安で正確ではありません。正しくは専門家、信頼できる気学、方位学の先生にご相談ください。

万年暦

＊この「付録資料」の万年暦は本書のために一部を掲載。
詳しくは市販の『万年暦』（気学用）をご参照ください。

2021年　令和3年　辛丑　六白金星

5	1	3破
4	6	8
9	2	7ア

7月		6月		5月		4月		3月		2月		月
乙未		甲午		癸巳		壬辰		辛卯		庚寅		月干支
九紫火星		一白水星		二黒土星		三碧木星		四緑木星		五黄土星		九星
7日		5日		5日		4日		5日		4日		節入日
8 ア4 6 7 9 2 破3 5 1		9 5 7 8 1 3 4 破6ア 2		1 6 8ア 9 2 4 5 7 3破		2 7 9 ア1 3 5 6 8 4破		ア3 8 1 2 4 6破 7 9 5		4 9 2破 3 5 7 8 1 6		月盤
五黄	庚戌	二黒	庚辰	七赤	己酉	四緑	己卯	九紫	戊申	八白	庚辰	1
六白	辛亥	三碧	辛巳	八白	庚戌	五黄	庚辰	一白	己酉	九紫	辛巳	2
七赤	壬子	四緑	壬午	九紫	辛亥	六白	辛巳	二黒	庚戌	一白	壬午	3
八白	癸丑	五黄	癸未	一白	壬子	七赤▼	壬午	三碧	辛亥	二黒▼	癸未	4
九紫	甲寅	六白▼	甲申	二黒▼	癸丑	八白	癸未	四緑▼	壬子	三碧	甲申	5
一白	乙卯	七赤	乙酉	三碧	甲寅	九紫	甲申	五黄	癸丑	四緑	乙酉	6
二黒▼	丙辰	八白	丙戌	四緑	乙卯	一白	乙酉	六白	甲寅	五黄	丙戌	7
三碧	丁巳	九紫	丁亥	五黄	丙辰	二黒	丙戌	七赤	乙卯	六白	丁亥	8
四緑	戊午	一白	戊子	六白	丁巳	三碧	丁亥	八白	丙辰	七赤	戊子	9
五黄	己未	二黒	己丑	七赤	戊午	四緑	戊子	九紫	丁巳	八白	己丑	10
六白	庚申	三碧	庚寅	八白	己未	五黄	己丑	一白	戊午	九紫	庚寅	11
七赤	辛酉	四緑	辛卯	九紫	庚申	六白	庚寅	二黒	己未	一白	辛卯	12
八白	壬戌	五黄	壬辰	一白	辛酉	七赤	辛卯	三碧	庚申	二黒	壬辰	13
九紫	癸亥	六白	癸巳	二黒	壬戌	八白	壬辰	四緑	辛酉	三碧	癸巳	14
★九紫	甲子	七赤	甲午	三碧	癸亥	九紫	癸巳	五黄	壬戌	四緑	甲午	15
八白	乙丑	八白	乙未	四緑	甲子	一白	甲午	六白	癸亥	五黄	乙未	16
七赤	丙寅	九紫	丙申	五黄	乙丑	二黒	乙未	七赤	甲子	六白	丙申	17
六白	丁卯	一白	丁酉	六白	丙寅	三碧	丙申	八白	乙丑	七赤	丁酉	18
五黄	戊辰	二黒	戊戌	七赤	丁卯	四緑	丁酉	九紫	丙寅	八白	戊戌	19
四緑	己巳	三碧	己亥	八白	戊辰	五黄	戊戌	一白	丁卯	九紫	己亥	20
三碧	庚午	四緑	庚子	九紫	己巳	六白	己亥	二黒	戊辰	一白	庚子	21
二黒	辛未	五黄	辛丑	一白	庚午	七赤	庚子	三碧	己巳	二黒	辛丑	22
一白	壬申	六白	壬寅	二黒	辛未	八白	辛丑	四緑	庚午	三碧	壬寅	23
九紫	癸酉	七赤	癸卯	三碧	壬申	九紫	壬寅	五黄	辛未	四緑	癸卯	24
八白	甲戌	八白	甲辰	四緑	癸酉	一白	癸卯	六白	壬申	五黄	甲辰	25
七赤	乙亥	九紫	乙巳	五黄	甲戌	二黒	甲辰	七赤	癸酉	六白	乙巳	26
六白	丙子	一白	丙午	六白	乙亥	三碧	乙巳	八白	甲戌	七赤	丙午	27
五黄	丁丑	二黒	丁未	七赤	丙子	四緑	丙午	九紫	乙亥	八白	丁未	28
四緑	戊寅	三碧	戊申	八白	丁丑	五黄	丁未	一白	丙子			29
三碧	己卯	四緑	己酉	九紫	戊寅	六白	戊申	二黒	丁丑			30
二黒	庚辰			一白	己卯			三碧	戊寅			31

★陰遁：令和２年６月20日～令和３年１月15日
◎陽遁：令和３年１月16日～令和３年７月14日
★陰遁：令和３年７月15日～令和４年１月10日

令和4年 1月		12月		11月		10月		9月		8月		月
辛丑		庚子		己亥		戊戌		丁酉		丙申		月干支
三碧木星		四緑木星		五黄土星		六白金星		七赤金星		八白土星		九星
5日		7日		7日		8日		7日		7日		節入日
2 7 9破 ア1 3 5 6 8 4		ア3 8破 1 2 4 6 7 9 5		破4 9 2 3 5 7 8 1 6		破5 1 3 4 6 8 9 2 7ア		6 2 4 破5 7 9ア 1 3 8		7 3 5 6 8 1 破ア2 4 9		月盤
一白	甲寅	五黄	癸未	八白	癸丑	三碧	壬午	六白	壬子	一白	辛巳	1
九紫	乙卯	四緑	甲申	七赤	甲寅	二黒	癸未	五黄	癸丑	九紫	壬午	2
八白	丙辰	三碧	乙酉	六白	乙卯	一白	甲申	四緑	甲寅	八白	癸未	3
七赤	丁巳	二黒	丙戌	五黄	丙辰	九紫	乙酉	三碧	乙卯	七赤	甲申	4
六白▼	戊午	一白	丁亥	四緑	丁巳	八白	丙戌	二黒	丙辰	六白	乙酉	5
五黄	己未	九紫	戊子	三碧	戊午	七赤	丁亥	一白	丁巳	五黄	丙戌	6
四緑	庚申	八白▼	己丑	二黒▼	己未	六白	戊子	九紫▼	戊午	四緑▼	丁亥	7
三碧	辛酉	七赤	庚寅	一白	庚申	五黄▼	己丑	八白	己未	三碧	戊子	8
二黒	壬戌	六白	辛卯	九紫	辛酉	四緑	庚寅	七赤	庚申	二黒	己丑	9
一白	癸亥	五黄	壬辰	八白	壬戌	三碧	辛卯	六白	辛酉	一白	庚寅	10
◎一白	甲子	四緑	癸巳	七赤	癸亥	二黒	壬辰	五黄	壬戌	九紫	辛卯	11
二黒	乙丑	三碧	甲午	六白	甲子	一白	癸巳	四緑	癸亥	八白	壬辰	12
三碧	丙寅	二黒	乙未	五黄	乙丑	九紫	甲午	三碧	甲子	七赤	癸巳	13
四緑	丁卯	一白	丙申	四緑	丙寅	八白	乙未	二黒	乙丑	六白	甲午	14
五黄	戊辰	九紫	丁酉	三碧	丁卯	七赤	丙申	一白	丙寅	五黄	乙未	15
六白	己巳	八白	戊戌	二黒	戊辰	六白	丁酉	九紫	丁卯	四緑	丙申	16
七赤	庚午	七赤	己亥	一白	己巳	五黄	戊戌	八白	戊辰	三碧	丁酉	17
八白	辛未	六白	庚子	九紫	庚午	四緑	己亥	七赤	己巳	二黒	戊戌	18
九紫	壬申	五黄	辛丑	八白	辛未	三碧	庚子	六白	庚午	一白	己亥	19
一白	癸酉	四緑	壬寅	七赤	壬申	二黒	辛丑	五黄	辛未	九紫	庚子	20
二黒	甲戌	三碧	癸卯	六白	癸酉	一白	壬寅	四緑	壬申	八白	辛丑	21
三碧	乙亥	二黒	甲辰	五黄	甲戌	九紫	癸卯	三碧	癸酉	七赤	壬寅	22
四緑	丙子	一白	乙巳	四緑	乙亥	八白	甲辰	二黒	甲戌	六白	癸卯	23
五黄	丁丑	九紫	丙午	三碧	丙子	七赤	乙巳	一白	乙亥	五黄	甲辰	24
六白	戊寅	八白	丁未	二黒	丁丑	六白	丙午	九紫	丙子	四緑	乙巳	25
七赤	己卯	七赤	戊申	一白	戊寅	五黄	丁未	八白	丁丑	三碧	丙午	26
八白	庚辰	六白	己酉	九紫	己卯	四緑	戊申	七赤	戊寅	二黒	丁未	27
九紫	辛巳	五黄	庚戌	八白	庚辰	三碧	己酉	六白	己卯	一白	戊申	28
一白	壬午	四緑	辛亥	七赤	辛巳	二黒	庚戌	五黄	庚辰	九紫	己酉	29
二黒	癸未	三碧	壬子	六白	壬午	一白	辛亥	四緑	辛巳	八白	庚戌	30
三碧	甲申	二黒	癸丑			九紫	壬子			七赤	辛亥	31

2022年　令和4年　壬寅　五黄土星

4	9	2破
3	5	7
8	1	6

7月		6月		5月		4月		3月		2月		月
丁未		丙午		乙巳		甲辰		癸卯		壬寅		月干支
六白金星		七赤金星		八白土星		九紫火星		一白水星		二黒土星		九星
7日		6日		5日		5日		5日		4日		節入日
5 1 3 4 6 8 破9 2 7ア		6 2 4 5 7 9ア 1 破3 8		7 3 5 6 8 1 ア2 4 9破		8 ア4 6 7 9 2 3 5 1破		9 5 7 8 1 3破 4 ア6 2		1 6 8ア破 9 2 4 5 7 3		月盤
一白	乙卯	七赤	乙酉	三碧	甲寅	九紫	甲申	五黄	癸丑	四緑	乙酉	1
二黒	丙辰	八白	丙戌	四緑	乙卯	一白	乙酉	六白	甲寅	五黄	丙戌	2
三碧	丁巳	九紫	丁亥	五黄	丙辰	二黒	丙戌	七赤	乙卯	六白	丁亥	3
四緑	戊午	一白	戊子	六白	丁巳	三碧	丁亥	八白	丙辰	七赤▼	戊子	4
五黄	己未	二黒	己丑	七赤▼	戊午	四緑▼	戊子	九紫▼	丁巳	八白	己丑	5
六白	庚申	三碧▼	庚寅	八白	己未	五黄	己丑	一白	戊午	九紫	庚寅	6
七赤▼	辛酉	四緑	辛卯	九紫	庚申	六白	庚寅	二黒	己未	一白	辛卯	7
八白	壬戌	五黄	壬辰	一白	辛酉	七赤	辛卯	三碧	庚申	二黒	壬辰	8
九紫	癸亥	六白	癸巳	二黒	壬戌	八白	壬辰	四緑	辛酉	三碧	癸巳	9
★九紫	甲子	七赤	甲午	三碧	癸亥	九紫	癸巳	五黄	壬戌	四緑	甲午	10
八白	乙丑	八白	乙未	四緑	甲子	一白	甲午	六白	癸亥	五黄	乙未	11
七赤	丙寅	九紫	丙申	五黄	乙丑	二黒	乙未	七赤	甲子	六白	丙申	12
六白	丁卯	一白	丁酉	六白	丙寅	三碧	丙申	八白	乙丑	七赤	丁酉	13
五黄	戊辰	二黒	戊戌	七赤	丁卯	四緑	丁酉	九紫	丙寅	八白	戊戌	14
四緑	己巳	三碧	己亥	八白	戊辰	五黄	戊戌	一白	丁卯	九紫	己亥	15
三碧	庚午	四緑	庚子	九紫	己巳	六白	己亥	二黒	戊辰	一白	庚子	16
二黒	辛未	五黄	辛丑	一白	庚午	七赤	庚子	三碧	己巳	二黒	辛丑	17
一白	壬申	六白	壬寅	二黒	辛未	八白	辛丑	四緑	庚午	三碧	壬寅	18
九紫	癸酉	七赤	癸卯	三碧	壬申	九紫	壬寅	五黄	辛未	四緑	癸卯	19
八白	甲戌	八白	甲辰	四緑	癸酉	一白	癸卯	六白	壬申	五黄	甲辰	20
七赤	乙亥	九紫	乙巳	五黄	甲戌	二黒	甲辰	七赤	癸酉	六白	乙巳	21
六白	丙子	一白	丙午	六白	乙亥	三碧	乙巳	八白	甲戌	七赤	丙午	22
五黄	丁丑	二黒	丁未	七赤	丙子	四緑	丙午	九紫	乙亥	八白	丁未	23
四緑	戊寅	三碧	戊申	八白	丁丑	五黄	丁未	一白	丙子	九紫	戊申	24
三碧	己卯	四緑	己酉	九紫	戊寅	六白	戊申	二黒	丁丑	一白	己酉	25
二黒	庚辰	五黄	庚戌	九紫	己卯	七赤	己酉	三碧	戊寅	二黒	庚戌	26
一白	辛巳	六白	辛亥	八白	庚辰	八白	庚戌	四緑	己卯	三碧	辛亥	27
九紫	壬午	七赤	壬子	七赤	辛巳	九紫	辛亥	五黄	庚辰	四緑	壬子	28
八白	癸未	八白	癸丑	六白	壬午	一白	壬子	六白	辛巳			29
七赤	甲申	九紫	甲寅	五黄	癸未	二黒	癸丑	七赤	壬午			30
六白	乙酉			六白	甲申			八白	癸未			31

★陰遁：令和３年７月15日〜令和４年１月10日
◎陽遁：令和４年１月11日〜令和４年７月９日
★陰遁：令和４年７月10日〜令和５年１月５日

令和5年 1月		12月		11月		10月		9月		8月		月
癸丑		壬子		辛亥		庚戌		己酉		戊申		月干支
九紫火星		一白水星		二黒土星		三碧木星		四緑木星		五黄土星		九星
6日		7日		7日		8日		8日		7日		節入日
8 ア4 6破 7 9 2 3 5 1		9 5破 7 8 1 3 4 ア6 2		破1 6 8ア 9 2 4 5 7 3		破2 7 9 ア1 3 5 6 8 4		ア3 8 1 破2 4 6 7 9 5		4 9 2 3 5 7 破8 1 6		月盤
五黄	己未	九紫	戊子	三碧	戊午	七赤	丁亥	一白	丁巳	五黄	丙戌	1
四緑	庚申	八白	己丑	二黒	己未	六白	戊子	九紫	戊午	四緑	丁亥	2
三碧	辛酉	七赤	庚寅	一白	庚申	五黄	己丑	八白	己未	三碧	戊子	3
二黒	壬戌	六白	辛卯	九紫	辛酉	四緑	庚寅	七赤	庚申	二黒	己丑	4
一白	癸亥	五黄	壬辰	八白	壬戌	三碧	辛卯	六白	辛酉	一白	庚寅	5
一白▼	甲子	四緑	癸巳	七赤	癸亥	二黒	壬辰	五黄	壬戌	九紫	辛卯	6
二黒	乙丑	三碧▼	甲午	六白▼	甲子	一白	癸巳	四緑	癸亥	八白▼	壬辰	7
三碧	丙寅	二黒	乙未	五黄	乙丑	九紫▼	甲午	三碧▼	甲子	七赤	癸巳	8
四緑	丁卯	一白	丙申	四緑	丙寅	八白	乙未	二黒	乙丑	六白	甲午	9
五黄	戊辰	九紫	丁酉	三碧	丁卯	七赤	丙申	一白	丙寅	五黄	乙未	10
六白	己巳	八白	戊戌	二黒	戊辰	六白	丁酉	九紫	丁卯	四緑	丙申	11
七赤	庚午	七赤	己亥	一白	己巳	五黄	戊戌	八白	戊辰	三碧	丁酉	12
八白	辛未	六白	庚子	九紫	庚午	四緑	己亥	七赤	己巳	二黒	戊戌	13
九紫	壬申	五黄	辛丑	八白	辛未	三碧	庚子	六白	庚午	一白	己亥	14
一白	癸酉	四緑	壬寅	七赤	壬申	二黒	辛丑	五黄	辛未	九紫	庚子	15
二黒	甲戌	三碧	癸卯	六白	癸酉	一白	壬寅	四緑	壬申	八白	辛丑	16
三碧	乙亥	二黒	甲辰	五黄	甲戌	九紫	癸卯	三碧	癸酉	七赤	壬寅	17
四緑	丙子	一白	乙巳	四緑	乙亥	八白	甲辰	二黒	甲戌	六白	癸卯	18
五黄	丁丑	九紫	丙午	三碧	丙子	七赤	乙巳	一白	乙亥	五黄	甲辰	19
六白	戊寅	八白	丁未	二黒	丁丑	六白	丙午	九紫	丙子	四緑	乙巳	20
七赤	己卯	七赤	戊申	一白	戊寅	五黄	丁未	八白	丁丑	三碧	丙午	21
八白	庚辰	六白	己酉	九紫	己卯	四緑	戊申	七赤	戊寅	二黒	丁未	22
九紫	辛巳	五黄	庚戌	八白	庚辰	三碧	己酉	六白	己卯	一白	戊申	23
一白	壬午	四緑	辛亥	七赤	辛巳	二黒	庚戌	五黄	庚辰	九紫	己酉	24
二黒	癸未	三碧	壬子	六白	壬午	一白	辛亥	四緑	辛巳	八白	庚戌	25
三碧	甲申	二黒	癸丑	五黄	癸未	九紫	壬子	三碧	壬午	七赤	辛亥	26
四緑	乙酉	一白	甲寅	四緑	甲申	八白	癸丑	二黒	癸未	六白	壬子	27
五黄	丙戌	九紫	乙卯	三碧	乙酉	七赤	甲寅	一白	甲申	五黄	癸丑	28
六白	丁亥	八白	丙辰	二黒	丙戌	六白	乙卯	九紫	乙酉	四緑	甲寅	29
七赤	戊子	七赤	丁巳	一白	丁亥	五黄	丙辰	八白	丙戌	三碧	乙卯	30
八白	己丑	六白	戊午			四緑	丁巳			二黒	丙辰	31

2023年　令和5年　癸卯　四緑木星

ア3	破8	1
2	4	6
7	9	5

7月		6月		5月		4月		3月		2月		月
己未		戊午		丁巳		丙辰		乙卯		甲寅		月干支
三碧木星		四緑木星		五黄土星		六白金星		七赤金星		八白土星		九星
7日		6日		6日		5日		6日		4日		節入日
2 7 9 ア1 3 5 破6 8 4		ア3 8 1 2 4 6 7 破9 5		4 9 2 3 5 7 8 1 6破		5 1 3 4 6 8 9 2 7破ア		6 2 4 5 7 9破ア 1 3 8		7 3 5破 6 8 1 ア2 4 9		月盤
六白	庚申	三碧	庚寅	八白	己未	五黄	己丑	一白	戊午	九紫	庚寅	1
七赤	辛酉	四緑	辛卯	九紫	庚申	六白	庚寅	二黒	己未	一白	辛卯	2
八白	壬戌	五黄	壬辰	一白	辛酉	七赤	辛卯	三碧	庚申	二黒	壬辰	3
九紫	癸亥	六白	癸巳	二黒	壬戌	八白	壬辰	四緑	辛酉	三碧▼	癸巳	4
★九紫	甲子	七赤	甲午	三碧	癸亥	九紫▼	癸巳	五黄	壬戌	四緑	甲午	5
八白	乙丑	八白▼	乙未	四緑▼	甲子	一白	甲午	六白▼	癸亥	五黄	乙未	6
七赤▼	丙寅	九紫	丙申	五黄	乙丑	二黒	乙未	七赤	甲子	六白	丙申	7
六白	丁卯	一白	丁酉	六白	丙寅	三碧	丙申	八白	乙丑	七赤	丁酉	8
五黄	戊辰	二黒	戊戌	七赤	丁卯	四緑	丁酉	九紫	丙寅	八白	戊戌	9
四緑	己巳	三碧	己亥	八白	戊辰	五黄	戊戌	一白	丁卯	九紫	己亥	10
三碧	庚午	四緑	庚子	九紫	己巳	六白	己亥	二黒	戊辰	一白	庚子	11
二黒	辛未	五黄	辛丑	一白	庚午	七赤	庚子	三碧	己巳	二黒	辛丑	12
一白	壬申	六白	壬寅	二黒	辛未	八白	辛丑	四緑	庚午	三碧	壬寅	13
九紫	癸酉	七赤	癸卯	三碧	壬申	九紫	壬寅	五黄	辛未	四緑	癸卯	14
八白	甲戌	八白	甲辰	四緑	癸酉	一白	癸卯	六白	壬申	五黄	甲辰	15
七赤	乙亥	九紫	乙巳	五黄	甲戌	二黒	甲辰	七赤	癸酉	六白	乙巳	16
六白	丙子	一白	丙午	六白	乙亥	三碧	乙巳	八白	甲戌	七赤	丙午	17
五黄	丁丑	二黒	丁未	七赤	丙子	四緑	丙午	九紫	乙亥	八白	丁未	18
四緑	戊寅	三碧	戊申	八白	丁丑	五黄	丁未	一白	丙子	九紫	戊申	19
三碧	己卯	四緑	己酉	九紫	戊寅	六白	戊申	二黒	丁丑	一白	己酉	20
二黒	庚辰	五黄	庚戌	一白	己卯	七赤	己酉	三碧	戊寅	二黒	庚戌	21
一白	辛巳	六白	辛亥	二黒	庚辰	八白	庚戌	四緑	己卯	三碧	辛亥	22
九紫	壬午	七赤	壬子	三碧	辛巳	九紫	辛亥	五黄	庚辰	四緑	壬子	23
八白	癸未	八白	癸丑	四緑	壬午	一白	壬子	六白	辛巳	五黄	癸丑	24
七赤	甲申	九紫	甲寅	五黄	癸未	二黒	癸丑	七赤	壬午	六白	甲寅	25
六白	乙酉	一白	乙卯	六白	甲申	三碧	甲寅	八白	癸未	七赤	乙卯	26
五黄	丙戌	二黒	丙辰	七赤	乙酉	四緑	乙卯	九紫	甲申	八白	丙辰	27
四緑	丁亥	三碧	丁巳	八白	丙戌	五黄	丙辰	一白	乙酉	九紫	丁巳	28
三碧	戊子	四緑	戊午	九紫	丁亥	六白	丁巳	二黒	丙戌			29
二黒	己丑	五黄	己未	一白	戊子	七赤	戊午	三碧	丁亥			30
一白	庚寅			二黒	己丑			四緑	戊子			31

★陰遁：令和４年７月 10 日～令和５年１月５日
◎陽遁：令和５年１月６日～令和５年７月４日
★陰遁：令和５年７月５日～令和５年 12 月 31 日

令和6年 1月		12月		11月		10月		9月		8月		月
乙丑		甲子		癸亥		壬戌		辛酉		庚申		月干支
六白金星		七赤金星		八白土星		九紫火星		一白水星		二黒土星		九星
6日		7日		8日		8日		8日		8日		節入日
5 1 3破 4 6 8 9 2 7ア		6 2破 4 5 7 9ア 1 3 8		破7 3 5 6 8 1 ア2 4 9		破8 ア4 6 7 9 2 3 5 1		9 5 7 破8 1 3 4 6ア 2		1 6 8ア 9 2 4 破5 7 3		月盤
◎一白	甲子	四緑	癸巳	七赤	癸亥	二黒	壬辰	五黄	壬戌	九紫	辛卯	1
二黒	乙丑	三碧	甲午	六白	甲子	一白	癸巳	四緑	癸亥	八白	壬辰	2
三碧	丙寅	二黒	乙未	五黄	乙丑	九紫	甲午	三碧	甲子	七赤	癸巳	3
四緑	丁卯	一白	丙申	四緑	丙寅	八白	乙未	二黒	乙丑	六白	甲午	4
五黄	戊辰	九紫	丁酉	三碧	丁卯	七赤	丙申	一白	丙寅	五黄	乙未	5
六白▼	己巳	八白	戊戌	二黒	戊辰	六白	丁酉	九紫	丁卯	四緑	丙申	6
七赤	庚午	七赤▼	己亥	一白	己巳	五黄	戊戌	八白	戊辰	三碧	丁酉	7
八白	辛未	六白	庚子	九紫▼	庚午	四緑▼	己亥	七赤▼	己巳	二黒▼	戊戌	8
九紫	壬申	五黄	辛丑	八白	辛未	三碧	庚子	六白	庚午	一白	己亥	9
一白	癸酉	四緑	壬寅	七赤	壬申	二黒	辛丑	五黄	辛未	九紫	庚子	10
二黒	甲戌	三碧	癸卯	六白	癸酉	一白	壬寅	四緑	壬申	八白	辛丑	11
三碧	乙亥	二黒	甲辰	五黄	甲戌	九紫	癸卯	三碧	癸酉	七赤	壬寅	12
四緑	丙子	一白	乙巳	四緑	乙亥	八白	甲辰	二黒	甲戌	六白	癸卯	13
五黄	丁丑	九紫	丙午	三碧	丙子	七赤	乙巳	一白	乙亥	五黄	甲辰	14
六白	戊寅	八白	丁未	二黒	丁丑	六白	丙午	九紫	丙子	四緑	乙巳	15
七赤	己卯	七赤	戊申	一白	戊寅	五黄	丁未	八白	丁丑	三碧	丙午	16
八白	庚辰	六白	己酉	九紫	己卯	四緑	戊申	七赤	戊寅	二黒	丁未	17
九紫	辛巳	五黄	庚戌	八白	庚辰	三碧	己酉	六白	己卯	一白	戊申	18
一白	壬午	四緑	辛亥	七赤	辛巳	二黒	庚戌	五黄	庚辰	九紫	己酉	19
二黒	癸未	三碧	壬子	六白	壬午	一白	辛亥	四緑	辛巳	八白	庚戌	20
三碧	甲申	二黒	癸丑	五黄	癸未	九紫	壬子	三碧	壬午	七赤	辛亥	21
四緑	乙酉	一白	甲寅	四緑	甲申	八白	癸丑	二黒	癸未	六白	壬子	22
五黄	丙戌	九紫	乙卯	三碧	乙酉	七赤	甲寅	一白	甲申	五黄	癸丑	23
六白	丁亥	八白	丙辰	二黒	丙戌	六白	乙卯	九紫	乙酉	四緑	甲寅	24
七赤	戊子	七赤	丁巳	一白	丁亥	五黄	丙辰	八白	丙戌	三碧	乙卯	25
八白	己丑	六白	戊午	九紫	戊子	四緑	丁巳	七赤	丁亥	二黒	丙辰	26
九紫	庚寅	五黄	己未	八白	己丑	三碧	戊午	六白	戊子	一白	丁巳	27
一白	辛卯	四緑	庚申	七赤	庚寅	二黒	己未	五黄	己丑	九紫	戊午	28
二黒	壬辰	三碧	辛酉	六白	辛卯	一白	庚申	四緑	庚寅	八白	己未	29
三碧	癸巳	二黒	壬戌	五黄	壬辰	九紫	辛酉	三碧	辛卯	七赤	庚申	30
四緑	甲午	一白	癸亥			八白	壬戌			六白	辛酉	31

2024年　令和6年　甲辰　三碧木星

2	7	9
ア1	3	5
6	8	4破

7月		6月		5月		4月		3月		2月		月
辛未		庚午		己巳		戊辰		丁卯		丙寅		月干支
九紫火星		一白水星		二黒土星		三碧木星		四緑木星		五黄土星		九星
6日		5日		5日		4日		5日		4日		節入日
8 ア4 6 7 9 2 破3 5 1		9 5 7 8 1 3 4 破6ア 2		1 6 8ア 9 2 4 5 7 3破		2 7 9 ア1 3 5 6 8 4破		ア3 8 1 2 4 6破 7 9 5		4 9 2破 3 5 7 8 1 6		月盤
七赤	丙寅	九紫	丙申	五黄	乙丑	二黒	乙未	七赤	甲子	五黄	乙未	1
六白	丁卯	一白	丁酉	六白	丙寅	三碧	丙申	八白	乙丑	六白	丙申	2
五黄	戊辰	二黒	戊戌	七赤	丁卯	四緑	丁酉	九紫	丙寅	七赤	丁酉	3
四緑	己巳	三碧	己亥	八白	戊辰	五黄▼	戊戌	一白	丁卯	八白▼	戊戌	4
三碧	庚午	四緑▼	庚子	九紫▼	己巳	六白	己亥	二黒▼	戊辰	九紫	己亥	5
二黒▼	辛未	五黄	辛丑	一白	庚午	七赤	庚子	三碧	己巳	一白	庚子	6
一白	壬申	六白	壬寅	二黒	辛未	八白	辛丑	四緑	庚午	二黒	辛丑	7
九紫	癸酉	七赤	癸卯	三碧	壬申	九紫	壬寅	五黄	辛未	三碧	壬寅	8
八白	甲戌	八白	甲辰	四緑	癸酉	一白	癸卯	六白	壬申	四緑	癸卯	9
七赤	乙亥	九紫	乙巳	五黄	甲戌	二黒	甲辰	七赤	癸酉	五黄	甲辰	10
六白	丙子	一白	丙午	六白	乙亥	三碧	乙巳	八白	甲戌	六白	乙巳	11
五黄	丁丑	二黒	丁未	七赤	丙子	四緑	丙午	九紫	乙亥	七赤	丙午	12
四緑	戊寅	三碧	戊申	八白	丁丑	五黄	丁未	一白	丙子	八白	丁未	13
三碧	己卯	四緑	己酉	九紫	戊寅	六白	戊申	二黒	丁丑	九紫	戊申	14
二黒	庚辰	五黄	庚戌	一白	己卯	七赤	己酉	三碧	戊寅	一白	己酉	15
一白	辛巳	六白	辛亥	二黒	庚辰	八白	庚戌	四緑	己卯	二黒	庚戌	16
九紫	壬午	七赤	壬子	三碧	辛巳	九紫	辛亥	五黄	庚辰	三碧	辛亥	17
八白	癸未	八白	癸丑	四緑	壬午	一白	壬子	六白	辛巳	四緑	壬子	18
七赤	甲申	九紫	甲寅	五黄	癸未	二黒	癸丑	七赤	壬午	五黄	癸丑	19
六白	乙酉	一白	乙卯	六白	甲申	三碧	甲寅	八白	癸未	六白	甲寅	20
五黄	丙戌	二黒	丙辰	七赤	乙酉	四緑	乙卯	九紫	甲申	七赤	乙卯	21
四緑	丁亥	三碧	丁巳	八白	丙戌	五黄	丙辰	一白	乙酉	八白	丙辰	22
三碧	戊子	四緑	戊午	九紫	丁亥	六白	丁巳	二黒	丙戌	九紫	丁巳	23
二黒	己丑	五黄	己未	一白	戊子	七赤	戊午	三碧	丁亥	一白	戊午	24
一白	庚寅	六白	庚申	二黒	己丑	八白	己未	四緑	戊子	二黒	己未	25
九紫	辛卯	七赤	辛酉	三碧	庚寅	九紫	庚申	五黄	己丑	三碧	庚申	26
八白	壬辰	八白	壬戌	四緑	辛卯	一白	辛酉	六白	庚寅	四緑	辛酉	27
七赤	癸巳	九紫	癸亥	五黄	壬辰	二黒	壬戌	七赤	辛卯	五黄	壬戌	28
六白	甲午	★九紫	甲子	六白	癸巳	三碧	癸亥	八白	壬辰	六白	癸亥	29
五黄	乙未	八白	乙丑	七赤	甲午	四緑	甲子	九紫	癸巳			30
四緑	丙申			八白	乙未			一白	甲午			31

★陰遁：令和５年７月５日～令和５年12月31日
◎陽遁：令和６年１月１日～令和６年６月28日
★陰遁：令和６年６月29日～令和６年12月25日
◎陽遁：令和６年12月26日～令和７年６月23日

令和7年 1月		12月		11月		10月		9月		8月		月
丁丑		丙子		乙亥		甲戌		癸酉		壬申		月干支
三碧木星		四緑木星		五黄土星		六白金星		七赤金星		八白土星		九星
5日		7日		7日		8日		7日		7日		節入日
2 7 9破 ア1 3 5 6 8 4		ア3 8破 1 2 4 6 7 9 5		破4 9 2 3 5 7 8 1 6		破5 1 3 4 6 8 9 2 7ア		6 2 4 破5 7 9ア 1 3 8		7 3 5 6 8 1 破ア2 4 9		月盤
七赤	庚午	七赤	己亥	一白	己巳	五黄	戊戌	八白	戊辰	三碧	丁酉	1
八白	辛未	六白	庚子	九紫	庚午	四緑	己亥	七赤	己巳	二黒	戊戌	2
九紫	壬申	五黄	辛丑	八白	辛未	三碧	庚子	六白	庚午	一白	己亥	3
一白	癸酉	四緑	壬寅	七赤	壬申	二黒	辛丑	五黄	辛未	九紫	庚子	4
二黒▼	甲戌	三碧	癸卯	六白	癸酉	一白	壬寅	四緑	壬申	八白	辛丑	5
三碧	乙亥	二黒	甲辰	五黄	甲戌	九紫	癸卯	三碧	癸酉	七赤	壬寅	6
四緑	丙子	一白▼	乙巳	四緑▼	乙亥	八白	甲辰	二黒▼	甲戌	六白▼	癸卯	7
五黄	丁丑	九紫	丙午	三碧	丙子	七赤▼	乙巳	一白	乙亥	五黄	甲辰	8
六白	戊寅	八白	丁未	二黒	丁丑	六白	丙午	九紫	丙子	四緑	乙巳	9
七赤	己卯	七赤	戊申	一白	戊寅	五黄	丁未	八白	丁丑	三碧	丙午	10
八白	庚辰	六白	己酉	九紫	己卯	四緑	戊申	七赤	戊寅	二黒	丁未	11
九紫	辛巳	五黄	庚戌	八白	庚辰	三碧	己酉	六白	己卯	一白	戊申	12
一白	壬午	四緑	辛亥	七赤	辛巳	二黒	庚戌	五黄	庚辰	九紫	己酉	13
二黒	癸未	三碧	壬子	六白	壬午	一白	辛亥	四緑	辛巳	八白	庚戌	14
三碧	甲申	二黒	癸丑	五黄	癸未	九紫	壬子	三碧	壬午	七赤	辛亥	15
四緑	乙酉	一白	甲寅	四緑	甲申	八白	癸丑	二黒	癸未	六白	壬子	16
五黄	丙戌	九紫	乙卯	三碧	乙酉	七赤	甲寅	一白	甲申	五黄	癸丑	17
六白	丁亥	八白	丙辰	二黒	丙戌	六白	乙卯	九紫	乙酉	四緑	甲寅	18
七赤	戊子	七赤	丁巳	一白	丁亥	五黄	丙辰	八白	丙戌	三碧	乙卯	19
八白	己丑	六白	戊午	九紫	戊子	四緑	丁巳	七赤	丁亥	二黒	丙辰	20
九紫	庚寅	五黄	己未	八白	己丑	三碧	戊午	六白	戊子	一白	丁巳	21
一白	辛卯	四緑	庚申	七赤	庚寅	二黒	己未	五黄	己丑	九紫	戊午	22
二黒	壬辰	三碧	辛酉	六白	辛卯	一白	庚申	四緑	庚寅	八白	己未	23
三碧	癸巳	二黒	壬戌	五黄	壬辰	九紫	辛酉	三碧	辛卯	七赤	庚申	24
四緑	甲午	一白	癸亥	四緑	癸巳	八白	壬戌	二黒	壬辰	六白	辛酉	25
五黄	乙未	◎一白	甲子	三碧	甲午	七赤	癸亥	一白	癸巳	五黄	壬戌	26
六白	丙申	二黒	乙丑	二黒	乙未	六白	甲子	九紫	甲午	四緑	癸亥	27
七赤	丁酉	三碧	丙寅	一白	丙申	五黄	乙丑	八白	乙未	三碧	甲子	28
八白	戊戌	四緑	丁卯	九紫	丁酉	四緑	丙寅	七赤	丙申	二黒	乙丑	29
九紫	己亥	五黄	戊辰	八白	戊戌	三碧	丁卯	六白	丁酉	一白	丙寅	30
一白	庚子	六白	己巳			二黒	戊辰			九紫	丁卯	31

2025年　令和7年　乙巳　二黒土星

1	6	8破
9	2	4
5	7	3

7月		6月		5月		4月		3月		2月		月
癸未		壬午		辛巳		庚辰		己卯		戊寅		月干支
六白金星		七赤金星		八白土星		九紫火星		一白水星		二黒土星		九星
7日		5日		5日		4日		5日		3日		節入日
5 1 3 4 6 8 破9 2 7ア		6 2 4 5 7 9ア 1 破3 8		7 3 5 6 8 1 ア2 4 9破		8 ア4 6 7 9 2 3 5 1破		9 5 7 8 1 3破 4 ア6 2		1 6 8ア破 9 2 4 5 7 3		月盤
二黒	辛未	五黄	辛丑	一白	庚午	七赤	庚子	三碧	己巳	二黒	辛丑	1
一白	壬申	六白	壬寅	二黒	辛未	八白	辛丑	四緑	庚午	三碧	壬寅	2
九紫	癸酉	七赤	癸卯	三碧	壬申	九紫	壬寅	五黄	辛未	四緑▼	癸卯	3
八白	甲戌	八白	甲辰	四緑	癸酉	一白▼	癸卯	六白	壬申	五黄	甲辰	4
七赤	乙亥	九紫▼	乙巳	五黄▼	甲戌	二黒	甲辰	七赤▼	癸酉	六白	乙巳	5
六白	丙子	一白	丙午	六白	乙亥	三碧	乙巳	八白	甲戌	七赤	丙午	6
五黄▼	丁丑	二黒	丁未	七赤	丙子	四緑	丙午	九紫	乙亥	八白	丁未	7
四緑	戊寅	三碧	戊申	八白	丁丑	五黄	丁未	一白	丙子	九紫	戊申	8
三碧	己卯	四緑	己酉	九紫	戊寅	六白	戊申	二黒	丁丑	一白	己酉	9
二黒	庚辰	五黄	庚戌	一白	己卯	七赤	己酉	三碧	戊寅	二黒	庚戌	10
一白	辛巳	六白	辛亥	二黒	庚辰	八白	庚戌	四緑	己卯	三碧	辛亥	11
九紫	壬午	七赤	壬子	三碧	辛巳	九紫	辛亥	五黄	庚辰	四緑	壬子	12
八白	癸未	八白	癸丑	四緑	壬午	一白	壬子	六白	辛巳	五黄	癸丑	13
七赤	甲申	九紫	甲寅	五黄	癸未	二黒	癸丑	七赤	壬午	六白	甲寅	14
六白	乙酉	一白	乙卯	六白	甲申	三碧	甲寅	八白	癸未	七赤	乙卯	15
五黄	丙戌	二黒	丙辰	七赤	乙酉	四緑	乙卯	九紫	甲申	八白	丙辰	16
四緑	丁亥	三碧	丁巳	八白	丙戌	五黄	丙辰	一白	乙酉	九紫	丁巳	17
三碧	戊子	四緑	戊午	九紫	丁亥	六白	丁巳	二黒	丙戌	一白	戊午	18
二黒	己丑	五黄	己未	一白	戊子	七赤	戊午	三碧	丁亥	二黒	己未	19
一白	庚寅	六白	庚申	二黒	己丑	八白	己未	四緑	戊子	三碧	庚申	20
九紫	辛卯	七赤	辛酉	三碧	庚寅	九紫	庚申	五黄	己丑	四緑	辛酉	21
八白	壬辰	八白	壬戌	四緑	辛卯	一白	辛酉	六白	庚寅	五黄	壬戌	22
七赤	癸巳	九紫	癸亥	五黄	壬辰	二黒	壬戌	七赤	辛卯	六白	癸亥	23
六白	甲午	★九紫	甲子	六白	癸巳	三碧	癸亥	八白	壬辰	七赤	甲子	24
五黄	乙未	八白	乙丑	七赤	甲午	四緑	甲子	九紫	癸巳	八白	乙丑	25
四緑	丙申	七赤	丙寅	八白	乙未	五黄	乙丑	一白	甲午	九紫	丙寅	26
三碧	丁酉	六白	丁卯	九紫	丙申	六白	丙寅	二黒	乙未	一白	丁卯	27
二黒	戊戌	五黄	戊辰	九紫	丁酉	七赤	丁卯	三碧	丙申	二黒	戊辰	28
一白	己亥	四緑	己巳	八白	戊戌	八白	戊辰	四緑	丁酉			29
九紫	庚子	三碧	庚午	七赤	己亥	九紫	己巳	五黄	戊戌			30
八白	辛丑			六白	庚子			六白	己亥			31

◎陽遁：令和６年12月26日～令和７年６月23日
★陰遁：令和７年６月24日～令和７年12月20日
◎陽遁：令和７年12月21日～令和８年６月18日

令和8年 1月		12月		11月		10月		9月		8月		月
己丑		戊子		丁亥		丙戌		乙酉		甲申		月干支
九紫火星		一白水星		二黒土星		三碧木星		四緑木星		五黄土星		九星
5日		7日		7日		8日		7日		7日		節入日
8 ア4 6破 7 9 2 3 5 1		9 5破 7 8 1 3 4 ア6 2		破1 6 8ア 9 2 4 5 7 3		破2 7 9 ア1 3 5 6 8 4		ア3 8 1 破2 4 6 7 9 5		4 9 2 3 5 7 破8 1 6		月盤
三碧	乙亥	二黒	甲辰	五黄	甲戌	九紫	癸卯	三碧	癸酉	七赤	壬寅	1
四緑	丙子	一白	乙巳	四緑	乙亥	八白	甲辰	二黒	甲戌	六白	癸卯	2
五黄	丁丑	九紫	丙午	三碧	丙子	七赤	乙巳	一白	乙亥	五黄	甲辰	3
六白	戊寅	八白	丁未	二黒	丁丑	六白	丙午	九紫	丙子	四緑	乙巳	4
七赤▼	己卯	七赤	戊申	一白	戊寅	五黄	丁未	八白	丁丑	三碧	丙午	5
八白	庚辰	六白	己酉	九紫	己卯	四緑	戊申	七赤	戊寅	二黒	丁未	6
九紫	辛巳	五黄▼	庚戌	八白▼	庚辰	三碧	己酉	六白▼	己卯	一白▼	戊申	7
一白	壬午	四緑	辛亥	七赤	辛巳	二黒▼	庚戌	五黄	庚辰	九紫	己酉	8
二黒	癸未	三碧	壬子	六白	壬午	一白	辛亥	四緑	辛巳	八白	庚戌	9
三碧	甲申	二黒	癸丑	五黄	癸未	九紫	壬子	三碧	壬午	七赤	辛亥	10
四緑	乙酉	一白	甲寅	四緑	甲申	八白	癸丑	二黒	癸未	六白	壬子	11
五黄	丙戌	九紫	乙卯	三碧	乙酉	七赤	甲寅	一白	甲申	五黄	癸丑	12
六白	丁亥	八白	丙辰	二黒	丙戌	六白	乙卯	九紫	乙酉	四緑	甲寅	13
七赤	戊子	七赤	丁巳	一白	丁亥	五黄	丙辰	八白	丙戌	三碧	乙卯	14
八白	己丑	六白	戊午	九紫	戊子	四緑	丁巳	七赤	丁亥	二黒	丙辰	15
九紫	庚寅	五黄	己未	八白	己丑	三碧	戊午	六白	戊子	一白	丁巳	16
一白	辛卯	四緑	庚申	七赤	庚寅	二黒	己未	五黄	己丑	九紫	戊午	17
二黒	壬辰	三碧	辛酉	六白	辛卯	一白	庚申	四緑	庚寅	八白	己未	18
三碧	癸巳	二黒	壬戌	五黄	壬辰	九紫	辛酉	三碧	辛卯	七赤	庚申	19
四緑	甲午	一白	癸亥	四緑	癸巳	八白	壬戌	二黒	壬辰	六白	辛酉	20
五黄	乙未	◎一白	甲子	三碧	甲午	七赤	癸亥	一白	癸巳	五黄	壬戌	21
六白	丙申	二黒	乙丑	二黒	乙未	六白	甲子	九紫	甲午	四緑	癸亥	22
七赤	丁酉	三碧	丙寅	一白	丙申	五黄	乙丑	八白	乙未	三碧	甲子	23
八白	戊戌	四緑	丁卯	九紫	丁酉	四緑	丙寅	七赤	丙申	二黒	乙丑	24
九紫	己亥	五黄	戊辰	八白	戊戌	三碧	丁卯	六白	丁酉	一白	丙寅	25
一白	庚子	六白	己巳	七赤	己亥	二黒	戊辰	五黄	戊戌	九紫	丁卯	26
二黒	辛丑	七赤	庚午	六白	庚子	一白	己巳	四緑	己亥	八白	戊辰	27
三碧	壬寅	八白	辛未	五黄	辛丑	九紫	庚午	三碧	庚子	七赤	己巳	28
四緑	癸卯	九紫	壬申	四緑	壬寅	八白	辛未	二黒	辛丑	六白	庚午	29
五黄	甲辰	一白	癸酉	三碧	癸卯	七赤	壬申	一白	壬寅	五黄	辛未	30
六白	乙巳	二黒	甲戌			六白	癸酉			四緑	壬申	31

2026年　令和8年　丙午　一白水星

9	5	7
8	1	3
4	ア6破	2

7月		6月		5月		4月		3月		2月		月
乙未		甲午		癸巳		壬辰		辛卯		庚寅		月干支
三碧木星		四緑木星		五黄土星		六白金星		七赤金星		八白土星		九星
7日		6日		5日		5日		5日		4日		節入日
2 7 9 ア1 3 5 破6 8 4		ア3 8 1 2 4 6 7 破9 5		4 9 2 3 5 7 8 1 6破		5 1 3 4 6 8 9 2 7破ア		6 2 4 5 7 9破ア 1 3 8		7 3 5破 6 8 1 ア2 4 9		月盤
六白	丙子	一白	丙午	六白	乙亥	三碧	乙巳	八白	甲戌	七赤	丙午	1
五黄	丁丑	二黒	丁未	七赤	丙子	四緑	丙午	九紫	乙亥	八白	丁未	2
四緑	戊寅	三碧	戊申	八白	丁丑	五黄	丁未	一白	丙子	九紫	戊申	3
三碧	己卯	四緑	己酉	九紫	戊寅	六白	戊申	二黒	丁丑	一白▼	己酉	4
二黒	庚辰	五黄	庚戌	一白▼	己卯	七赤▼	己酉	三碧▼	戊寅	二黒	庚戌	5
一白	辛巳	六白▼	辛亥	二黒	庚辰	八白	庚戌	四緑	己卯	三碧	辛亥	6
九紫▼	壬午	七赤	壬子	三碧	辛巳	九紫	辛亥	五黄	庚辰	四緑	壬子	7
八白	癸未	八白	癸丑	四緑	壬午	一白	壬子	六白	辛巳	五黄	癸丑	8
七赤	甲申	九紫	甲寅	五黄	癸未	二黒	癸丑	七赤	壬午	六白	甲寅	9
六白	乙酉	一白	乙卯	六白	甲申	三碧	甲寅	八白	癸未	七赤	乙卯	10
五黄	丙戌	二黒	丙辰	七赤	乙酉	四緑	乙卯	九紫	甲申	八白	丙辰	11
四緑	丁亥	三碧	丁巳	八白	丙戌	五黄	丙辰	一白	乙酉	九紫	丁巳	12
三碧	戊子	四緑	戊午	九紫	丁亥	六白	丁巳	二黒	丙戌	一白	戊午	13
二黒	己丑	五黄	己未	一白	戊子	七赤	戊午	三碧	丁亥	二黒	己未	14
一白	庚寅	六白	庚申	二黒	己丑	八白	己未	四緑	戊子	三碧	庚申	15
九紫	辛卯	七赤	辛酉	三碧	庚寅	九紫	庚申	五黄	己丑	四緑	辛酉	16
八白	壬辰	八白	壬戌	四緑	辛卯	一白	辛酉	六白	庚寅	五黄	壬戌	17
七赤	癸巳	九紫	癸亥	五黄	壬辰	二黒	壬戌	七赤	辛卯	六白	癸亥	18
六白	甲午	★九紫	甲子	六白	癸巳	三碧	癸亥	八白	壬辰	七赤	甲子	19
五黄	乙未	八白	乙丑	七赤	甲午	四緑	甲子	九紫	癸巳	八白	乙丑	20
四緑	丙申	七赤	丙寅	八白	乙未	五黄	乙丑	一白	甲午	九紫	丙寅	21
三碧	丁酉	六白	丁卯	九紫	丙申	六白	丙寅	二黒	乙未	一白	丁卯	22
二黒	戊戌	五黄	戊辰	一白	丁酉	七赤	丁卯	三碧	丙申	二黒	戊辰	23
一白	己亥	四緑	己巳	二黒	戊戌	八白	戊辰	四緑	丁酉	三碧	己巳	24
九紫	庚子	三碧	庚午	三碧	己亥	九紫	己巳	五黄	戊戌	四緑	庚午	25
八白	辛丑	二黒	辛未	四緑	庚子	一白	庚午	六白	己亥	五黄	辛未	26
七赤	壬寅	一白	壬申	五黄	辛丑	二黒	辛未	七赤	庚子	六白	壬申	27
六白	癸卯	九紫	癸酉	六白	壬寅	三碧	壬申	八白	辛丑	七赤	癸酉	28
五黄	甲辰	八白	甲戌	七赤	癸卯	四緑	癸酉	九紫	壬寅			29
四緑	乙巳	七赤	乙亥	八白	甲辰	五黄	甲戌	一白	癸卯			30
三碧	丙午			九紫	乙巳			二黒	甲辰			31

◎陽遁：令和７年 12月 21日～令和８年６月 18日
★陰遁：令和８年６月 19日～令和８年 12月 15日
◎陽遁：令和８年 12月 16日～令和９年６月 13日

令和9年 1月		12月		11月		10月		9月		8月		月
辛丑		庚子		己亥		戊戌		丁酉		丙申		月干支
六白金星		七赤金星		八白土星		九紫火星		一白水星		二黒土星		九星
5日		7日		7日		8日		7日		7日		節入日
5 1 3破 4 6 8 9 2 7ア		6 2破 4 5 7 9ア 1 3 8		破7 3 5 6 8 1 ア2 4 9		破8 ア4 6 7 9 2 3 5 1		9 5 7 破8 1 3 4 6ア 2		1 6 8ア 9 2 4 破5 7 3		月盤
八白	庚辰	六白	己酉	九紫	己卯	四緑	戊申	七赤	戊寅	二黒	丁未	1
九紫	辛巳	五黄	庚戌	八白	庚辰	三碧	己酉	六白	己卯	一白	戊申	2
一白	壬午	四緑	辛亥	七赤	辛巳	二黒	庚戌	五黄	庚辰	九紫	己酉	3
二黒	癸未	三碧	壬子	六白	壬午	一白	辛亥	四緑	辛巳	八白	庚戌	4
三碧▼	甲申	二黒	癸丑	五黄	癸未	九紫	壬子	三碧	壬午	七赤	辛亥	5
四緑	乙酉	一白	甲寅	四緑	甲申	八白	癸丑	二黒	癸未	六白	壬子	6
五黄	丙戌	九紫▼	乙卯	三碧▼	乙酉	七赤	甲寅	一白▼	甲申	五黄▼	癸丑	7
六白	丁亥	八白	丙辰	二黒	丙戌	六白▼	乙卯	九紫	乙酉	四緑	甲寅	8
七赤	戊子	七赤	丁巳	一白	丁亥	五黄	丙辰	八白	丙戌	三碧	乙卯	9
八白	己丑	六白	戊午	九紫	戊子	四緑	丁巳	七赤	丁亥	二黒	丙辰	10
九紫	庚寅	五黄	己未	八白	己丑	三碧	戊午	六白	戊子	一白	丁巳	11
一白	辛卯	四緑	庚申	七赤	庚寅	二黒	己未	五黄	己丑	九紫	戊午	12
二黒	壬辰	三碧	辛酉	六白	辛卯	一白	庚申	四緑	庚寅	八白	己未	13
三碧	癸巳	二黒	壬戌	五黄	壬辰	九紫	辛酉	三碧	辛卯	七赤	庚申	14
四緑	甲午	一白	癸亥	四緑	癸巳	八白	壬戌	二黒	壬辰	六白	辛酉	15
五黄	乙未	◎一白	甲子	三碧	甲午	七赤	癸亥	一白	癸巳	五黄	壬戌	16
六白	丙申	二黒	乙丑	二黒	乙未	六白	甲子	九紫	甲午	四緑	癸亥	17
七赤	丁酉	三碧	丙寅	一白	丙申	五黄	乙丑	八白	乙未	三碧	甲子	18
八白	戊戌	四緑	丁卯	九紫	丁酉	四緑	丙寅	七赤	丙申	二黒	乙丑	19
九紫	己亥	五黄	戊辰	八白	戊戌	三碧	丁卯	六白	丁酉	一白	丙寅	20
一白	庚子	六白	己巳	七赤	己亥	二黒	戊辰	五黄	戊戌	九紫	丁卯	21
二黒	辛丑	七赤	庚午	六白	庚子	一白	己巳	四緑	己亥	八白	戊辰	22
三碧	壬寅	八白	辛未	五黄	辛丑	九紫	庚午	三碧	庚子	七赤	己巳	23
四緑	癸卯	九紫	壬申	四緑	壬寅	八白	辛未	二黒	辛丑	六白	庚午	24
五黄	甲辰	一白	癸酉	三碧	癸卯	七赤	壬申	一白	壬寅	五黄	辛未	25
六白	乙巳	二黒	甲戌	二黒	甲辰	六白	癸酉	九紫	癸卯	四緑	壬申	26
七赤	丙午	三碧	乙亥	一白	乙巳	五黄	甲戌	八白	甲辰	三碧	癸酉	27
八白	丁未	四緑	丙子	九紫	丙午	四緑	乙亥	七赤	乙巳	二黒	甲戌	28
九紫	戊申	五黄	丁丑	八白	丁未	三碧	丙子	六白	丙午	一白	乙亥	29
一白	己酉	六白	戊寅	七赤	戊申	二黒	丁丑	五黄	丁未	九紫	丙子	30
二黒	庚戌	七赤	己卯			一白	戊寅			八白	丁丑	31

2027年　令和9年　丁未　九紫火星

8	ア4	6
7	9	2
破3	5	1

7月		6月		5月		4月		3月		2月		月
丁未		丙午		乙巳		甲辰		癸卯		壬寅		月干支
九紫火星		一白水星		二黒土星		三碧木星		四緑木星		五黄土星		九星
7日		6日		6日		5日		6日		4日		節入日
8 ア4 6 7 9 2 破3 5 1		9 5 7 8 1 3 4 破6ア 2		1 6 8ア 9 2 4 5 7 3破		2 7 9 ア1 3 5 6 8 4破		ア3 8 1 2 4 6破 7 9 5		4 9 2破 3 5 7 8 1 6		月盤
一白	辛巳	六白	辛亥	二黒	庚辰	八白	庚戌	四緑	己卯	三碧	辛亥	1
九紫	壬午	七赤	壬子	三碧	辛巳	九紫	辛亥	五黄	庚辰	四緑	壬子	2
八白	癸未	八白	癸丑	四緑	壬午	一白	壬子	六白	辛巳	五黄	癸丑	3
七赤	甲申	九紫	甲寅	五黄	癸未	二黒	癸丑	七赤	壬午	六白▼	甲寅	4
六白	乙酉	一白	乙卯	六白	甲申	三碧▼	甲寅	八白	癸未	七赤	乙卯	5
五黄	丙戌	二黒▼	丙辰	七赤▼	乙酉	四緑	乙卯	九紫▼	甲申	八白	丙辰	6
四緑▼	丁亥	三碧	丁巳	八白	丙戌	五黄	丙辰	一白	乙酉	九紫	丁巳	7
三碧	戊子	四緑	戊午	九紫	丁亥	六白	丁巳	二黒	丙戌	一白	戊午	8
二黒	己丑	五黄	己未	一白	戊子	七赤	戊午	三碧	丁亥	二黒	己未	9
一白	庚寅	六白	庚申	二黒	己丑	八白	己未	四緑	戊子	三碧	庚申	10
九紫	辛卯	七赤	辛酉	三碧	庚寅	九紫	庚申	五黄	己丑	四緑	辛酉	11
八白	壬辰	八白	壬戌	四緑	辛卯	一白	辛酉	六白	庚寅	五黄	壬戌	12
七赤	癸巳	九紫	癸亥	五黄	壬辰	二黒	壬戌	七赤	辛卯	六白	癸亥	13
六白	甲午	★九紫	甲子	六白	癸巳	三碧	癸亥	八白	壬辰	七赤	甲子	14
五黄	乙未	八白	乙丑	七赤	甲午	四緑	甲子	九紫	癸巳	八白	乙丑	15
四緑	丙申	七赤	丙寅	八白	乙未	五黄	乙丑	一白	甲午	九紫	丙寅	16
三碧	丁酉	六白	丁卯	九紫	丙申	六白	丙寅	二黒	乙未	一白	丁卯	17
二黒	戊戌	五黄	戊辰	一白	丁酉	七赤	丁卯	三碧	丙申	二黒	戊辰	18
一白	己亥	四緑	己巳	二黒	戊戌	八白	戊辰	四緑	丁酉	三碧	己巳	19
九紫	庚子	三碧	庚午	三碧	己亥	九紫	己巳	五黄	戊戌	四緑	庚午	20
八白	辛丑	二黒	辛未	四緑	庚子	一白	庚午	六白	己亥	五黄	辛未	21
七赤	壬寅	一白	壬申	五黄	辛丑	二黒	辛未	七赤	庚子	六白	壬申	22
六白	癸卯	九紫	癸酉	六白	壬寅	三碧	壬申	八白	辛丑	七赤	癸酉	23
五黄	甲辰	八白	甲戌	七赤	癸卯	四緑	癸酉	九紫	壬寅	八白	甲戌	24
四緑	乙巳	七赤	乙亥	八白	甲辰	五黄	甲戌	一白	癸卯	九紫	乙亥	25
三碧	丙午	六白	丙子	九紫	乙巳	六白	乙亥	二黒	甲辰	一白	丙子	26
二黒	丁未	五黄	丁丑	一白	丙午	七赤	丙子	三碧	乙巳	二黒	丁丑	27
一白	戊申	四緑	戊寅	二黒	丁未	八白	丁丑	四緑	丙午	三碧	戊寅	28
九紫	己酉	三碧	己卯	三碧	戊申	九紫	戊寅	五黄	丁未	四緑		29
八白	庚戌	二黒	庚辰	四緑	己酉	一白	己卯	六白	戊申	五黄		30
七赤	辛亥			五黄	庚戌			七赤	己酉	六白		31

◎陽遁：令和８年 12月 16日～令和９年６月 13日
★陰遁：令和９年６月 14日～令和９年 12月 10日
◎陽遁：令和９年 12月 11日～令和 10年６月７日

令和10年 1月		12月		11月		10月		9月		8月		月
癸丑		壬子		辛亥		庚戌		己酉		戊申		月干支
三碧木星		四緑木星		五黄土星		六白金星		七赤金星		八白土星		九星
6日		7日		8日		8日		8日		8日		節入日
2 7 9破 ア1 3 5 6 8 4		ア3 8破 1 2 4 6 7 9 5		破4 9 2 3 5 7 8 1 6		破5 1 3 4 6 8 9 2 7ア		6 2 4 破5 7 9ア 1 3 8		7 3 5 6 8 1 破ア2 4 9		月盤
四緑	乙酉	一白	甲寅	四緑	甲申	八白	癸丑	二黒	癸未	六白	壬子	1
五黄	丙戌	九紫	乙卯	三碧	乙酉	七赤	甲寅	一白	甲申	五黄	癸丑	2
六白	丁亥	八白	丙辰	二黒	丙戌	六白	乙卯	九紫	乙酉	四緑	甲寅	3
七赤	戊子	七赤	丁巳	一白	丁亥	五黄	丙辰	八白	丙戌	三碧	乙卯	4
八白	己丑	六白	戊午	九紫	戊子	四緑	丁巳	七赤	丁亥	二黒	丙辰	5
九紫▼	庚寅	五黄	己未	八白	己丑	三碧	戊午	六白	戊子	一白	丁巳	6
一白	辛卯	四緑▼	庚申	七赤	庚寅	二黒	己未	五黄	己丑	九紫	戊午	7
二黒	壬辰	三碧	辛酉	六白▼	辛卯	一白▼	庚申	四緑▼	庚寅	八白▼	己未	8
三碧	癸巳	二黒	壬戌	五黄	壬辰	九紫	辛酉	三碧	辛卯	七赤	庚申	9
四緑	甲午	一白	癸亥	四緑	癸巳	八白	壬戌	二黒	壬辰	六白	辛酉	10
五黄	乙未	◎一白	甲子	三碧	甲午	七赤	癸亥	一白	癸巳	五黄	壬戌	11
六白	丙申	二黒	乙丑	二黒	乙未	六白	甲子	九紫	甲午	四緑	癸亥	12
七赤	丁酉	三碧	丙寅	一白	丙申	五黄	乙丑	八白	乙未	三碧	甲子	13
八白	戊戌	四緑	丁卯	九紫	丁酉	四緑	丙寅	七赤	丙申	二黒	乙丑	14
九紫	己亥	五黄	戊辰	八白	戊戌	三碧	丁卯	六白	丁酉	一白	丙寅	15
一白	庚子	六白	己巳	七赤	己亥	二黒	戊辰	五黄	戊戌	九紫	丁卯	16
二黒	辛丑	七赤	庚午	六白	庚子	一白	己巳	四緑	己亥	八白	戊辰	17
三碧	壬寅	八白	辛未	五黄	辛丑	九紫	庚午	三碧	庚子	七赤	己巳	18
四緑	癸卯	九紫	壬申	四緑	壬寅	八白	辛未	二黒	辛丑	六白	庚午	19
五黄	甲辰	一白	癸酉	三碧	癸卯	七赤	壬申	一白	壬寅	五黄	辛未	20
六白	乙巳	二黒	甲戌	二黒	甲辰	六白	癸酉	九紫	癸卯	四緑	壬申	21
七赤	丙午	三碧	乙亥	一白	乙巳	五黄	甲戌	八白	甲辰	三碧	癸酉	22
八白	丁未	四緑	丙子	九紫	丙午	四緑	乙亥	七赤	乙巳	二黒	甲戌	23
九紫	戊申	五黄	丁丑	八白	丁未	三碧	丙子	六白	丙午	一白	乙亥	24
一白	己酉	六白	戊寅	七赤	戊申	二黒	丁丑	五黄	丁未	九紫	丙子	25
二黒	庚戌	七赤	己卯	六白	己酉	一白	戊寅	四緑	戊申	八白	丁丑	26
三碧	辛亥	八白	庚辰	五黄	庚戌	九紫	己卯	三碧	己酉	七赤	戊寅	27
四緑	壬子	九紫	辛巳	四緑	辛亥	八白	庚辰	二黒	庚戌	六白	己卯	28
五黄	癸丑	一白	壬午	三碧	壬子	七赤	辛巳	一白	辛亥	五黄	庚辰	29
六白	甲寅	二黒	癸未	二黒	癸丑	六白	壬午	九紫	壬子	四緑	辛巳	30
七赤	乙卯	三碧	甲申			五黄	癸未			三碧	壬午	31

2028 年　令和 10 年　戊申　八白土星

7	3	5
6	8	1
破2ア	4	9

7月		6月		5月		4月		3月		2月		月
己未		戊午		丁巳		丙辰		乙卯		甲寅		月干支
六白金星		七赤金星		八白土星		九紫火星		一白水星		二黒土星		九星
6 日		5 日		5 日		4 日		5 日		4 日		節入日
5 1 3 4 6 8 破9 2 7ア		6 2 4 5 7 9ア 1 破3 8		7 3 5 6 8 1 ア2 4 9破		8 ア4 6 7 9 2 3 5 1破		9 5 7 8 1 3破 4 ア6 2		1 6 8ア破 9 2 4 5 7 3		月盤
四緑	丁亥	七赤	丁巳	八白	丙戌	五黄	丙辰	一白	乙酉	八白	丙辰	1
三碧	戊子	六白	戊午	九紫	丁亥	六白	丁巳	二黒	丙戌	九紫	丁巳	2
二黒	己丑	五黄	己未	一白	戊子	七赤	戊午	三碧	丁亥	一白	戊午	3
一白	庚寅	六白	庚申	二黒	己丑	八白▼	己未	四緑	戊子	二黒▼	己未	4
九紫	辛卯	七赤▼	辛酉	三碧▼	庚寅	九紫	庚申	五黄▼	己丑	三碧	庚申	5
八白▼	壬辰	八白	壬戌	四緑	辛卯	一白	辛酉	六白	庚寅	四緑	辛酉	6
七赤	癸巳	九紫	癸亥	五黄	壬辰	二黒	壬戌	七赤	辛卯	五黄	壬戌	7
六白	甲午	★九紫	甲子	六白	癸巳	三碧	癸亥	八白	壬辰	六白	癸亥	8
五黄	乙未	八白	乙丑	七赤	甲午	四緑	甲子	九紫	癸巳	七赤	甲子	9
四緑	丙申	七赤	丙寅	八白	乙未	五黄	乙丑	一白	甲午	八白	乙丑	10
三碧	丁酉	六白	丁卯	九紫	丙申	六白	丙寅	二黒	乙未	九紫	丙寅	11
二黒	戊戌	五黄	戊辰	一白	丁酉	七赤	丁卯	三碧	丙申	一白	丁卯	12
一白	己亥	四緑	己巳	二黒	戊戌	八白	戊辰	四緑	丁酉	二黒	戊辰	13
九紫	庚子	三碧	庚午	三碧	己亥	九紫	己巳	五黄	戊戌	三碧	己巳	14
八白	辛丑	二黒	辛未	四緑	庚子	一白	庚午	六白	己亥	四緑	庚午	15
七赤	壬寅	一白	壬申	五黄	辛丑	二黒	辛未	七赤	庚子	五黄	辛未	16
六白	癸卯	九紫	癸酉	六白	壬寅	三碧	壬申	八白	辛丑	六白	壬申	17
五黄	甲辰	八白	甲戌	七赤	癸卯	四緑	癸酉	九紫	壬寅	七赤	癸酉	18
四緑	乙巳	七赤	乙亥	八白	甲辰	五黄	甲戌	一白	癸卯	八白	甲戌	19
三碧	丙午	六白	丙子	九紫	乙巳	六白	乙亥	二黒	甲辰	九紫	乙亥	20
二黒	丁未	五黄	丁丑	一白	丙午	七赤	丙子	三碧	乙巳	一白	丙子	21
一白	戊申	四緑	戊寅	二黒	丁未	八白	丁丑	四緑	丙午	二黒	丁丑	22
九紫	己酉	三碧	己卯	三碧	戊申	九紫	戊寅	五黄	丁未	三碧	戊寅	23
八白	庚戌	二黒	庚辰	四緑	己酉	一白	己卯	六白	戊申	四緑	己卯	24
七赤	辛亥	一白	辛巳	五黄	庚戌	二黒	庚辰	七赤	己酉	五黄	庚辰	25
六白	壬子	九紫	壬午	六白	辛亥	三碧	辛巳	八白	庚戌	六白	辛巳	26
五黄	癸丑	八白	癸未	七赤	壬子	四緑	壬午	九紫	辛亥	七赤	壬午	27
四緑	甲寅	七赤	甲申	八白	癸丑	五黄	癸未	一白	壬子	八白	癸未	28
三碧	乙卯	六白	乙酉	九紫	甲寅	六白	甲申	二黒	癸丑	九紫	甲申	29
二黒	丙辰	五黄	丙戌	九紫	乙卯	七赤	乙酉	三碧	甲寅			30
一白	丁巳			八白	丙辰			四緑	乙卯			31

◎陽遁：令和９年12月11日～令和10年６月７日
★陰遁：令和10年６月８日～令和10年12月４日
◎陽遁：令和10年12月５日～令和11年６月２日

令和11年 1月		12月		11月		10月		9月		8月		月
乙丑		甲子		癸亥		壬戌		辛酉		庚申		月干支
九紫火星		一白水星		二黒土星		三碧木星		四緑木星		五黄土星		九星
5日		6日		7日		8日		7日		7日		節入日
8 ア4 6破 7 9 2 3 5 1		9 5破 7 8 1 3 4 ア6 2		破1 6 8ア 9 2 4 5 7 3		破2 7 9 ア1 3 5 6 8 4		ア3 8 1 破2 4 6 7 9 5		4 9 2 3 5 7 破8 1 6		月盤
一白	辛卯	四緑	庚申	七赤	庚寅	二黒	己未	五黄	己丑	九紫	戊午	1
二黒	壬辰	三碧	辛酉	六白	辛卯	一白	庚申	四緑	庚寅	八白	己未	2
三碧	癸巳	二黒	壬戌	五黄	壬辰	九紫	辛酉	三碧	辛卯	七赤	庚申	3
四緑	甲午	一白	癸亥	四緑	癸巳	八白	壬戌	二黒	壬辰	六白	辛酉	4
五黄▼	乙未	◎一白	甲子	三碧	甲午	七赤	癸亥	一白	癸巳	五黄	壬戌	5
六白	丙申	二黒▼	乙丑	二黒	乙未	六白	甲子	九紫	甲午	四緑	癸亥	6
七赤	丁酉	三碧	丙寅	一白▼	丙申	五黄	乙丑	八白▼	乙未	三碧▼	甲子	7
八白	戊戌	四緑	丁卯	九紫	丁酉	四緑▼	丙寅	七赤	丙申	二黒	乙丑	8
九紫	己亥	五黄	戊辰	八白	戊戌	三碧	丁卯	六白	丁酉	一白	丙寅	9
一白	庚子	六白	己巳	七赤	己亥	二黒	戊辰	五黄	戊戌	九紫	丁卯	10
二黒	辛丑	七赤	庚午	六白	庚子	一白	己巳	四緑	己亥	八白	戊辰	11
三碧	壬寅	八白	辛未	五黄	辛丑	九紫	庚午	三碧	庚子	七赤	己巳	12
四緑	癸卯	九紫	壬申	四緑	壬寅	八白	辛未	二黒	辛丑	六白	庚午	13
五黄	甲辰	一白	癸酉	三碧	癸卯	七赤	壬申	一白	壬寅	五黄	辛未	14
六白	乙巳	二黒	甲戌	二黒	甲辰	六白	癸酉	九紫	癸卯	四緑	壬申	15
七赤	丙午	三碧	乙亥	一白	乙巳	五黄	甲戌	八白	甲辰	三碧	癸酉	16
八白	丁未	四緑	丙子	九紫	丙午	四緑	乙亥	七赤	乙巳	二黒	甲戌	17
九紫	戊申	五黄	丁丑	八白	丁未	三碧	丙子	六白	丙午	一白	乙亥	18
一白	己酉	六白	戊寅	七赤	戊申	二黒	丁丑	五黄	丁未	九紫	丙子	19
二黒	庚戌	七赤	己卯	六白	己酉	一白	戊寅	四緑	戊申	八白	丁丑	20
三碧	辛亥	八白	庚辰	五黄	庚戌	九紫	己卯	三碧	己酉	七赤	戊寅	21
四緑	壬子	九紫	辛巳	四緑	辛亥	八白	庚辰	二黒	庚戌	六白	己卯	22
五黄	癸丑	一白	壬午	三碧	壬子	七赤	辛巳	一白	辛亥	五黄	庚辰	23
六白	甲寅	二黒	癸未	二黒	癸丑	六白	壬午	九紫	壬子	四緑	辛巳	24
七赤	乙卯	三碧	甲申	一白	甲寅	五黄	癸未	八白	癸丑	三碧	壬午	25
八白	丙辰	四緑	乙酉	九紫	乙卯	四緑	甲申	七赤	甲寅	二黒	癸未	26
九紫	丁巳	五黄	丙戌	八白	丙辰	三碧	乙酉	六白	乙卯	一白	甲申	27
一白	戊午	六白	丁亥	七赤	丁巳	二黒	丙戌	五黄	丙辰	九紫	乙酉	28
二黒	己未	七赤	戊子	六白	戊午	一白	丁亥	四緑	丁巳	八白	丙戌	29
三碧	庚申	八白	己丑	五黄	己未	九紫	戊子	三碧	戊午	七赤	丁亥	30
四緑	辛酉	九紫	庚寅			八白	己丑			六白	戊子	31

2029 年　令和 11 年　己酉　七赤金星

6	2	4
破5	7	9ア
1	3	8

7月		6月		5月		4月		3月		2月		月
辛未		庚午		己巳		戊辰		丁卯		丙寅		月干支
三碧木星		四緑木星		五黄土星		六白金星		七赤金星		八白土星		九星
7 日		5 日		5 日		4 日		5 日		3 日		節入日
2 7 9 ア1 3 5 破6 8 4		ア3 8 1 2 4 6 7 破9 5		4 9 2 3 5 7 8 1 6破		5 1 3 4 6 8 9 2 7破ア		6 2 4 5 7 9破ア 1 3 8		7 3 5破 6 8 1 ア2 4 9		月盤
八白	壬辰	八白	壬戌	四緑	辛卯	一白	辛酉	六白	庚寅	五黄	壬戌	1
七赤	癸巳	九紫	癸亥	五黄	壬辰	二黒	壬戌	七赤	辛卯	六白	癸亥	2
六白	甲午	★九紫	甲子	六白	癸巳	三碧	癸亥	八白	壬辰	七赤▼	甲子	3
五黄	乙未	八白	乙丑	七赤	甲午	四緑▼	甲子	九紫	癸巳	八白	乙丑	4
四緑	丙申	七赤▼	丙寅	八白▼	乙未	五黄	乙丑	一白▼	甲午	九紫	丙寅	5
三碧	丁酉	六白	丁卯	九紫	丙申	六白	丙寅	二黒	乙未	一白	丁卯	6
二黒▼	戊戌	五黄	戊辰	一白	丁酉	七赤	丁卯	三碧	丙申	二黒	戊辰	7
一白	己亥	四緑	己巳	二黒	戊戌	八白	戊辰	四緑	丁酉	三碧	己巳	8
九紫	庚子	三碧	庚午	三碧	己亥	九紫	己巳	五黄	戊戌	四緑	庚午	9
八白	辛丑	二黒	辛未	四緑	庚子	一白	庚午	六白	己亥	五黄	辛未	10
七赤	壬寅	一白	壬申	五黄	辛丑	二黒	辛未	七赤	庚子	六白	壬申	11
六白	癸卯	九紫	癸酉	六白	壬寅	三碧	壬申	八白	辛丑	七赤	癸酉	12
五黄	甲辰	八白	甲戌	七赤	癸卯	四緑	癸酉	九紫	壬寅	八白	甲戌	13
四緑	乙巳	七赤	乙亥	八白	甲辰	五黄	甲戌	一白	癸卯	九紫	乙亥	14
三碧	丙午	六白	丙子	九紫	乙巳	六白	乙亥	二黒	甲辰	一白	丙子	15
二黒	丁未	五黄	丁丑	一白	丙午	七赤	丙子	三碧	乙巳	二黒	丁丑	16
一白	戊申	四緑	戊寅	二黒	丁未	八白	丁丑	四緑	丙午	三碧	戊寅	17
九紫	己酉	三碧	己卯	三碧	戊申	九紫	戊寅	五黄	丁未	四緑	己卯	18
八白	庚戌	二黒	庚辰	四緑	己酉	一白	己卯	六白	戊申	五黄	庚辰	19
七赤	辛亥	一白	辛巳	五黄	庚戌	二黒	庚辰	七赤	己酉	六白	辛巳	20
六白	壬子	九紫	壬午	六白	辛亥	三碧	辛巳	八白	庚戌	七赤	壬午	21
五黄	癸丑	八白	癸未	七赤	壬子	四緑	壬午	九紫	辛亥	八白	癸未	22
四緑	甲寅	七赤	甲申	八白	癸丑	五黄	癸未	一白	壬子	九紫	甲申	23
三碧	乙卯	六白	乙酉	九紫	甲寅	六白	甲申	二黒	癸丑	一白	乙酉	24
二黒	丙辰	五黄	丙戌	一白	乙卯	七赤	乙酉	三碧	甲寅	二黒	丙戌	25
一白	丁巳	四緑	丁亥	二黒	丙辰	八白	丙戌	四緑	乙卯	三碧	丁亥	26
九紫	戊午	三碧	戊子	三碧	丁巳	九紫	丁亥	五黄	丙辰	四緑	戊子	27
八白	己未	二黒	己丑	四緑	戊午	一白	戊子	六白	丁巳	五黄	己丑	28
七赤	庚申	一白	庚寅	五黄	己未	二黒	己丑	七赤	戊午			29
六白	辛酉	九紫	辛卯	六白	庚申	三碧	庚寅	八白	己未			30
五黄	壬戌			七赤	辛酉			九紫	庚申			31

◎陽遁：令和 10 年 12 月 5 日～令和 11 年 6 月 2 日
★陰遁：令和 11 年 6 月 3 日～令和 11 年 11 月 29 日
◎陽遁：令和 11 年 11 月 30 日～令和 12 年 5 月 28 日

令和12年 1月		12月		11月		10月		9月		8月		月
丁丑		丙子		乙亥		甲戌		癸酉		壬申		月干支
六白金星		七赤金星		八白土星		九紫火星		一白水星		二黒土星		九星
5日		7日		7日		8日		7日		7日		節入日
5 1 3(破) 4 6 8 9 2 7(ア)		6 2(破) 4 5 7 9(ア) 1 3 8		(破)7 3 5 6 8 1 (ア)2 4 9		(破)8 (ア)4 6 7 9 2 3 5 1		9 5 7 (破)8 1 3 4 6(ア) 2		1 6 8(ア) 9 2 4 (破)5 7 3		月盤
六白	丙申	二黒	乙丑	二黒	乙未	六白	甲子	九紫	甲午	四緑	癸亥	1
七赤	丁酉	三碧	丙寅	一白	丙申	五黄	乙丑	八白	乙未	三碧	甲子	2
八白	戊戌	四緑	丁卯	九紫	丁酉	四緑	丙寅	七赤	丙申	二黒	乙丑	3
九紫	己亥	五黄	戊辰	八白	戊戌	三碧	丁卯	六白	丁酉	一白	丙寅	4
一白▼	庚子	六白	己巳	七赤	己亥	二黒	戊辰	五黄	戊戌	九紫	丁卯	5
二黒	辛丑	七赤	庚午	六白	庚子	一白	己巳	四緑	己亥	八白	戊辰	6
三碧	壬寅	八白▼	辛未	五黄▼	辛丑	九紫	庚午	三碧▼	庚子	七赤▼	己巳	7
四緑	癸卯	九紫	壬申	四緑	壬寅	八白▼	辛未	二黒	辛丑	六白	庚午	8
五黄	甲辰	一白	癸酉	三碧	癸卯	七赤	壬申	一白	壬寅	五黄	辛未	9
六白	乙巳	二黒	甲戌	二黒	甲辰	六白	癸酉	九紫	癸卯	四緑	壬申	10
七赤	丙午	三碧	乙亥	一白	乙巳	五黄	甲戌	八白	甲辰	三碧	癸酉	11
八白	丁未	四緑	丙子	九紫	丙午	四緑	乙亥	七赤	乙巳	二黒	甲戌	12
九紫	戊申	五黄	丁丑	八白	丁未	三碧	丙子	六白	丙午	一白	乙亥	13
一白	己酉	六白	戊寅	七赤	戊申	二黒	丁丑	五黄	丁未	九紫	丙子	14
二黒	庚戌	七赤	己卯	六白	己酉	一白	戊寅	四緑	戊申	八白	丁丑	15
三碧	辛亥	八白	庚辰	五黄	庚戌	九紫	己卯	三碧	己酉	七赤	戊寅	16
四緑	壬子	九紫	辛巳	四緑	辛亥	八白	庚辰	二黒	庚戌	六白	己卯	17
五黄	癸丑	一白	壬午	三碧	壬子	七赤	辛巳	一白	辛亥	五黄	庚辰	18
六白	甲寅	二黒	癸未	二黒	癸丑	六白	壬午	九紫	壬子	四緑	辛巳	19
七赤	乙卯	三碧	甲申	一白	甲寅	五黄	癸未	八白	癸丑	三碧	壬午	20
八白	丙辰	四緑	乙酉	九紫	乙卯	四緑	甲申	七赤	甲寅	二黒	癸未	21
九紫	丁巳	五黄	丙戌	八白	丙辰	三碧	乙酉	六白	乙卯	一白	甲申	22
一白	戊午	六白	丁亥	七赤	丁巳	二黒	丙戌	五黄	丙辰	九紫	乙酉	23
二黒	己未	七赤	戊子	六白	戊午	一白	丁亥	四緑	丁巳	八白	丙戌	24
三碧	庚申	八白	己丑	五黄	己未	九紫	戊子	三碧	戊午	七赤	丁亥	25
四緑	辛酉	九紫	庚寅	四緑	庚申	八白	己丑	二黒	己未	六白	戊子	26
五黄	壬戌	一白	辛卯	三碧	辛酉	七赤	庚寅	一白	庚申	五黄	己丑	27
六白	癸亥	二黒	壬辰	二黒	壬戌	六白	辛卯	九紫	辛酉	四緑	庚寅	28
七赤	甲子	三碧	癸巳	一白	癸亥	五黄	壬辰	八白	壬戌	三碧	辛卯	29
八白	乙丑	四緑	甲午	◎一白	甲子	四緑	癸巳	七赤	癸亥	二黒	壬辰	30
九紫	丙寅	五黄	乙未			三碧	甲午			一白	癸巳	31

2030年　令和12年　庚戌　六白金星

破5	1	3
4	6	8
9	2	7ア

7月		6月		5月		4月		3月		2月		月
癸未		壬午		辛巳		庚辰		己卯		戊寅		月干支
九紫火星		一白水星		二黒土星		三碧木星		四緑木星		五黄土星		九星
7日		5日		5日		5日		5日		4日		節入日
8 ア4 6 7 9 2 破3 5 1		9 5 7 8 1 3 4 破6ア 2		1 6 8ア 9 2 4 5 7 3破		2 7 9 ア1 3 5 6 8 4破		ア3 8 1 2 4 6破 7 9 5		4 9 2破 3 5 7 8 1 6		月盤
三碧	丁酉	六白	丁卯	九紫	丙申	六白	丙寅	二黒	乙未	一白	丁卯	1
二黒	戊戌	五黄	戊辰	一白	丁酉	七赤	丁卯	三碧	丙申	二黒	戊辰	2
一白	己亥	四緑	己巳	二黒	戊戌	八白	戊辰	四緑	丁酉	三碧	己巳	3
九紫	庚子	三碧	庚午	三碧	己亥	九紫	己巳	五黄	戊戌	四緑▼	庚午	4
八白	辛丑	二黒▼	辛未	四緑▼	庚子	一白▼	庚午	六白▼	己亥	五黄	辛未	5
七赤	壬寅	一白	壬申	五黄	辛丑	二黒	辛未	七赤	庚子	六白	壬申	6
六白▼	癸卯	九紫	癸酉	六白	壬寅	三碧	壬申	八白	辛丑	七赤	癸酉	7
五黄	甲辰	八白	甲戌	七赤	癸卯	四緑	癸酉	九紫	壬寅	八白	甲戌	8
四緑	乙巳	七赤	乙亥	八白	甲辰	五黄	甲戌	一白	癸卯	九紫	乙亥	9
三碧	丙午	六白	丙子	九紫	乙巳	六白	乙亥	二黒	甲辰	一白	丙子	10
二黒	丁未	五黄	丁丑	一白	丙午	七赤	丙子	三碧	乙巳	二黒	丁丑	11
一白	戊申	四緑	戊寅	二黒	丁未	八白	丁丑	四緑	丙午	三碧	戊寅	12
九紫	己酉	三碧	己卯	三碧	戊申	九紫	戊寅	五黄	丁未	四緑	己卯	13
八白	庚戌	二黒	庚辰	四緑	己酉	一白	己卯	六白	戊申	五黄	庚辰	14
七赤	辛亥	一白	辛巳	五黄	庚戌	二黒	庚辰	七赤	己酉	六白	辛巳	15
六白	壬子	九紫	壬午	六白	辛亥	三碧	辛巳	八白	庚戌	七赤	壬午	16
五黄	癸丑	八白	癸未	七赤	壬子	四緑	壬午	九紫	辛亥	八白	癸未	17
四緑	甲寅	七赤	甲申	八白	癸丑	五黄	癸未	一白	壬子	九紫	甲申	18
三碧	乙卯	六白	乙酉	九紫	甲寅	六白	甲申	二黒	癸丑	一白	乙酉	19
二黒	丙辰	五黄	丙戌	一白	乙卯	七赤	乙酉	三碧	甲寅	二黒	丙戌	20
一白	丁巳	四緑	丁亥	二黒	丙辰	八白	丙戌	四緑	乙卯	三碧	丁亥	21
九紫	戊午	三碧	戊子	三碧	丁巳	九紫	丁亥	五黄	丙辰	四緑	戊子	22
八白	己未	二黒	己丑	四緑	戊午	一白	戊子	六白	丁巳	五黄	己丑	23
七赤	庚申	一白	庚寅	五黄	己未	二黒	己丑	七赤	戊午	六白	庚寅	24
六白	辛酉	九紫	辛卯	六白	庚申	三碧	庚寅	八白	己未	七赤	辛卯	25
五黄	壬戌	八白	壬辰	七赤	辛酉	四緑	辛卯	九紫	庚申	八白	壬辰	26
四緑	癸亥	七赤	癸巳	八白	壬戌	五黄	壬辰	一白	辛酉	九紫	癸巳	27
三碧	甲子	六白	甲午	九紫	癸亥	六白	癸巳	二黒	壬戌	一白	甲午	28
二黒	乙丑	五黄	乙未	★九紫	甲子	七赤	甲午	三碧	癸亥			29
一白	丙寅	四緑	丙申	八白	乙丑	八白	乙未	四緑	甲子			30
九紫	丁卯			七赤	丙寅			五黄	乙丑			31

◎陽遁：令和 11 年 11 月 30 日～令和 12 年 5 月 28 日
★陰遁：令和 12 年 5 月 29 日～令和 12 年 11 月 24 日
◎陽遁：令和 12 年 11 月 25 日～令和 13 年 5 月 23 日

令和13年 1月		12月		11月		10月		9月		8月		月
己丑		戊子		丁亥		丙戌		乙酉		甲申		月干支
三碧木星		四緑木星		五黄土星		六白金星		七赤金星		八白土星		九星
5日		7日		7日		8日		7日		7日		節入日
2 7 9破 ア1 3 5 6 8 4		ア3 8破 1 2 4 6 7 9 5		破4 9 2 3 5 7 8 1 6		破5 1 3 4 6 8 9 2 7ア		6 2 4 破5 7 9ア 1 3 8		7 3 5 6 8 1 破ア2 4 9		月盤
二黒	辛丑	七赤	庚午	六白	庚子	一白	己巳	四緑	己亥	八白	戊辰	1
三碧	壬寅	八白	辛未	五黄	辛丑	九紫	庚午	三碧	庚子	七赤	己巳	2
四緑	癸卯	九紫	壬申	四緑	壬寅	八白	辛未	二黒	辛丑	六白	庚午	3
五黄	甲辰	一白	癸酉	三碧	癸卯	七赤	壬申	一白	壬寅	五黄	辛未	4
六白▼	乙巳	二黒	甲戌	二黒	甲辰	六白	癸酉	九紫	癸卯	四緑	壬申	5
七赤	丙午	三碧	乙亥	一白	乙巳	五黄	甲戌	八白	甲辰	三碧	癸酉	6
八白	丁未	四緑▼	丙子	九紫▼	丙午	四緑	乙亥	七赤▼	乙巳	二黒▼	甲戌	7
九紫	戊申	五黄	丁丑	八白	丁未	三碧▼	丙子	六白	丙午	一白	乙亥	8
一白	己酉	六白	戊寅	七赤	戊申	二黒	丁丑	五黄	丁未	九紫	丙子	9
二黒	庚戌	七赤	己卯	六白	己酉	一白	戊寅	四緑	戊申	八白	丁丑	10
三碧	辛亥	八白	庚辰	五黄	庚戌	九紫	己卯	三碧	己酉	七赤	戊寅	11
四緑	壬子	九紫	辛巳	四緑	辛亥	八白	庚辰	二黒	庚戌	六白	己卯	12
五黄	癸丑	一白	壬午	三碧	壬子	七赤	辛巳	一白	辛亥	五黄	庚辰	13
六白	甲寅	二黒	癸未	二黒	癸丑	六白	壬午	九紫	壬子	四緑	辛巳	14
七赤	乙卯	三碧	甲申	一白	甲寅	五黄	癸未	八白	癸丑	三碧	壬午	15
八白	丙辰	四緑	乙酉	九紫	乙卯	四緑	甲申	七赤	甲寅	二黒	癸未	16
九紫	丁巳	五黄	丙戌	八白	丙辰	三碧	乙酉	六白	乙卯	一白	甲申	17
一白	戊午	六白	丁亥	七赤	丁巳	二黒	丙戌	五黄	丙辰	九紫	乙酉	18
二黒	己未	七赤	戊子	六白	戊午	一白	丁亥	四緑	丁巳	八白	丙戌	19
三碧	庚申	八白	己丑	五黄	己未	九紫	戊子	三碧	戊午	七赤	丁亥	20
四緑	辛酉	九紫	庚寅	四緑	庚申	八白	己丑	二黒	己未	六白	戊子	21
五黄	壬戌	一白	辛卯	三碧	辛酉	七赤	庚寅	一白	庚申	五黄	己丑	22
六白	癸亥	二黒	壬辰	二黒	壬戌	六白	辛卯	九紫	辛酉	四緑	庚寅	23
七赤	甲子	三碧	癸巳	一白	癸亥	五黄	壬辰	八白	壬戌	三碧	辛卯	24
八白	乙丑	四緑	甲午	◎一白	甲子	四緑	癸巳	七赤	癸亥	二黒	壬辰	25
九紫	丙寅	五黄	乙未	二黒	乙丑	三碧	甲午	六白	甲子	一白	癸巳	26
一白	丁卯	六白	丙申	三碧	丙寅	二黒	乙未	五黄	乙丑	九紫	甲午	27
二黒	戊辰	七赤	丁酉	四緑	丁卯	一白	丙申	四緑	丙寅	八白	乙未	28
三碧	己巳	八白	戊戌	五黄	戊辰	九紫	丁酉	三碧	丁卯	七赤	丙申	29
四緑	庚午	九紫	己亥	六白	己巳	八白	戊戌	二黒	戊辰	六白	丁酉	30
五黄	辛未	一白	庚子			七赤	己亥			五黄	戊戌	31

2031年　令和13年　辛亥　五黄土星

破4	9	2
3	5	7
8	1	6

7月		6月		5月		4月		3月		2月		月
乙未		甲午		癸巳		壬辰		辛卯		庚寅		月干支
六白金星		七赤金星		八白土星		九紫火星		一白水星		二黒土星		九星
7日		6日		6日		5日		6日		4日		節入日
5 1 3 4 6 8 破9 2 7ア		6 2 4 5 7 9ア 1 破3 8		7 3 5 6 8 1 ア2 4 9破		8 ア4 6 7 9 2 3 5 1破		9 5 7 8 1 3破 4 ア6 2		1 6 8ア破 9 2 4 5 7 3		月盤
七赤	壬寅	一白	壬申	五黄	辛丑	二黒	辛未	七赤	庚子	六白	壬申	1
六白	癸卯	九紫	癸酉	六白	壬寅	三碧	壬申	八白	辛丑	七赤	癸酉	2
五黄	甲辰	八白	甲戌	七赤	癸卯	四緑	癸酉	九紫	壬寅	八白	甲戌	3
四緑	乙巳	七赤	乙亥	八白	甲辰	五黄	甲戌	一白	癸卯	九紫▼	乙亥	4
三碧	丙午	六白	丙子	九紫	乙巳	六白▼	乙亥	二黒	甲辰	一白	丙子	5
二黒	丁未	五黄▼	丁丑	一白▼	丙午	七赤	丙子	三碧▼	乙巳	二黒	丁丑	6
一白▼	戊申	四緑	戊寅	二黒	丁未	八白	丁丑	四緑	丙午	三碧	戊寅	7
九紫	己酉	三碧	己卯	三碧	戊申	九紫	戊寅	五黄	丁未	四緑	己卯	8
八白	庚戌	二黒	庚辰	四緑	己酉	一白	己卯	六白	戊申	五黄	庚辰	9
七赤	辛亥	一白	辛巳	五黄	庚戌	二黒	庚辰	七赤	己酉	六白	辛巳	10
六白	壬子	九紫	壬午	六白	辛亥	三碧	辛巳	八白	庚戌	七赤	壬午	11
五黄	癸丑	八白	癸未	七赤	壬子	四緑	壬午	九紫	辛亥	八白	癸未	12
四緑	甲寅	七赤	甲申	八白	癸丑	五黄	癸未	一白	壬子	九紫	甲申	13
三碧	乙卯	六白	乙酉	九紫	甲寅	六白	甲申	二黒	癸丑	一白	乙酉	14
二黒	丙辰	五黄	丙戌	一白	乙卯	七赤	乙酉	三碧	甲寅	二黒	丙戌	15
一白	丁巳	四緑	丁亥	二黒	丙辰	八白	丙戌	四緑	乙卯	三碧	丁亥	16
九紫	戊午	三碧	戊子	三碧	丁巳	九紫	丁亥	五黄	丙辰	四緑	戊子	17
八白	己未	二黒	己丑	四緑	戊午	一白	戊子	六白	丁巳	五黄	己丑	18
七赤	庚申	一白	庚寅	五黄	己未	二黒	己丑	七赤	戊午	六白	庚寅	19
六白	辛酉	九紫	辛卯	六白	庚申	三碧	庚寅	八白	己未	七赤	辛卯	20
五黄	壬戌	八白	壬辰	七赤	辛酉	四緑	辛卯	九紫	庚申	八白	壬辰	21
四緑	癸亥	七赤	癸巳	八白	壬戌	五黄	壬辰	一白	辛酉	九紫	癸巳	22
三碧	甲子	六白	甲午	九紫	癸亥	六白	癸巳	二黒	壬戌	一白	甲午	23
二黒	乙丑	五黄	乙未	★九紫	甲子	七赤	甲午	三碧	癸亥	二黒	乙未	24
一白	丙寅	四緑	丙申	八白	乙丑	八白	乙未	四緑	甲子	三碧	丙申	25
九紫	丁卯	三碧	丁酉	七赤	丙寅	九紫	丙申	五黄	乙丑	四緑	丁酉	26
八白	戊辰	二黒	戊戌	六白	丁卯	一白	丁酉	六白	丙寅	五黄	戊戌	27
七赤	己巳	一白	己亥	五黄	戊辰	二黒	戊戌	七赤	丁卯	六白	己亥	28
六白	庚午	九紫	庚子	四緑	己巳	三碧	己亥	八白	戊辰			29
五黄	辛未	八白	辛丑	三碧	庚午	四緑	庚子	九紫	己巳			30
四緑	壬申			二黒	辛未			一白	庚午			31

◎陽遁：令和 12 年 11 月 25 日～令和 13 年 5 月 23 日
★陰遁：令和 13 年 5 月 24 日～令和 13 年 12 月 19 日
◎陽遁：令和 13 年 12 月 20 日～令和 14 年 7 月 16 日

令和14年 1月		12月		11月		10月		9月		8月		月
辛丑		庚子		己亥		戊戌		丁酉		丙申		月干支
九紫火星		一白水星		二黒土星		三碧木星		四緑木星		五黄土星		九星
6日		7日		8日		8日		8日		8日		節入日
8 ア4 6破 7 9 2 3 5 1		9 5破 7 8 1 3 4 ア6 2		破1 6 8ア 9 2 4 5 7 3		破2 7 9 ア1 3 5 6 8 4		ア3 8 1 破2 4 6 7 9 5		4 9 2 3 5 7 破8 1 6		月盤
一白	丙午	七赤	乙亥	一白	乙巳	五黄	甲戌	八白	甲辰	三碧	癸酉	1
二黒	丁未	六白	丙子	九紫	丙午	四緑	乙亥	七赤	乙巳	二黒	甲戌	2
三碧	戊申	五黄	丁丑	八白	丁未	三碧	丙子	六白	丙午	一白	乙亥	3
四緑	己酉	四緑	戊寅	七赤	戊申	二黒	丁丑	五黄	丁未	九紫	丙子	4
五黄	庚戌	三碧	己卯	六白	己酉	一白	戊寅	四緑	戊申	八白	丁丑	5
六白▼	辛亥	二黒	庚辰	五黄	庚戌	九紫	己卯	三碧	己酉	七赤	戊寅	6
七赤	壬子	一白▼	辛巳	四緑	辛亥	八白	庚辰	二黒	庚戌	六白	己卯	7
八白	癸丑	九紫	壬午	三碧▼	壬子	七赤▼	辛巳	一白▼	辛亥	五黄▼	庚辰	8
九紫	甲寅	八白	癸未	二黒	癸丑	六白	壬午	九紫	壬子	四緑	辛巳	9
一白	乙卯	七赤	甲申	一白	甲寅	五黄	癸未	八白	癸丑	三碧	壬午	10
二黒	丙辰	六白	乙酉	九紫	乙卯	四緑	甲申	七赤	甲寅	二黒	癸未	11
三碧	丁巳	五黄	丙戌	八白	丙辰	三碧	乙酉	六白	乙卯	一白	甲申	12
四緑	戊午	四緑	丁亥	七赤	丁巳	二黒	丙戌	五黄	丙辰	九紫	乙酉	13
五黄	己未	三碧	戊子	六白	戊午	一白	丁亥	四緑	丁巳	八白	丙戌	14
六白	庚申	二黒	己丑	五黄	己未	九紫	戊子	三碧	戊午	七赤	丁亥	15
七赤	辛酉	一白	庚寅	四緑	庚申	八白	己丑	二黒	己未	六白	戊子	16
八白	壬戌	九紫	辛卯	三碧	辛酉	七赤	庚寅	一白	庚申	五黄	己丑	17
九紫	癸亥	八白	壬辰	二黒	壬戌	六白	辛卯	九紫	辛酉	四緑	庚寅	18
一白	甲子	七赤	癸巳	一白	癸亥	五黄	壬辰	八白	壬戌	三碧	辛卯	19
二黒	乙丑	◎七赤	甲午	九紫	甲子	四緑	癸巳	七赤	癸亥	二黒	壬辰	20
三碧	丙寅	八白	乙未	八白	乙丑	三碧	甲午	六白	甲子	一白	癸巳	21
四緑	丁卯	九紫	丙申	七赤	丙寅	二黒	乙未	五黄	乙丑	九紫	甲午	22
五黄	戊辰	一白	丁酉	六白	丁卯	一白	丙申	四緑	丙寅	八白	乙未	23
六白	己巳	二黒	戊戌	五黄	戊辰	九紫	丁酉	三碧	丁卯	七赤	丙申	24
七赤	庚午	三碧	己亥	四緑	己巳	八白	戊戌	二黒	戊辰	六白	丁酉	25
八白	辛未	四緑	庚子	三碧	庚午	七赤	己亥	一白	己巳	五黄	戊戌	26
九紫	壬申	五黄	辛丑	二黒	辛未	六白	庚子	九紫	庚午	四緑	己亥	27
一白	癸酉	六白	壬寅	一白	壬申	五黄	辛丑	八白	辛未	三碧	庚子	28
二黒	甲戌	七赤	癸卯	九紫	癸酉	四緑	壬寅	七赤	壬申	二黒	辛丑	29
三碧	乙亥	八白	甲辰	八白	甲戌	三碧	癸卯	六白	癸酉	一白	壬寅	30
四緑	丙子	九紫	乙巳			二黒	甲辰			九紫	癸卯	31

2032年　令和14年　壬子　四緑木星

ア3	8破	1
2	4	6
7	9	5

7月		6月		5月		4月		3月		2月		月
丁未		丙午		乙巳		甲辰		癸卯		壬寅		月干支
三碧木星		四緑木星		五黄土星		六白金星		七赤金星		八白土星		九星
6日		5日		5日		4日		5日		4日		節入日
2 7 9 / ア1 3 5 / 破6 8 4		ア3 8 1 / 2 4 6 / 7 破9 5		4 9 2 / 3 5 7 / 8 1 6破		5 1 3 / 4 6 8 / 9 2 7破ア		6 2 4 / 5 7 9破ア / 1 3 8		7 3 5破 / 6 8 1 / ア2 4 9		月盤
三碧	戊申	九紫	戊寅	五黄	丁未	二黒	丁丑	七赤	丙午	五黄	丁丑	1
四緑	己酉	一白	己卯	六白	戊申	三碧	戊寅	八白	丁未	六白	戊寅	2
五黄	庚戌	二黒	庚辰	七赤	己酉	四緑	己卯	九紫	戊申	七赤	己卯	3
六白	辛亥	三碧	辛巳	八白	庚戌	五黄▼	庚辰	一白	己酉	八白▼	庚辰	4
七赤	壬子	四緑▼	壬午	九紫▼	辛亥	六白	辛巳	二黒▼	庚戌	九紫	辛巳	5
八白▼	癸丑	五黄	癸未	一白	壬子	七赤	壬午	三碧	辛亥	一白	壬午	6
九紫	甲寅	六白	甲申	二黒	癸丑	八白	癸未	四緑	壬子	二黒	癸未	7
一白	乙卯	七赤	乙酉	三碧	甲寅	九紫	甲申	五黄	癸丑	三碧	甲申	8
二黒	丙辰	八白	丙戌	四緑	乙卯	一白	乙酉	六白	甲寅	四緑	乙酉	9
三碧	丁巳	九紫	丁亥	五黄	丙辰	二黒	丙戌	七赤	乙卯	五黄	丙戌	10
四緑	戊午	一白	戊子	六白	丁巳	三碧	丁亥	八白	丙辰	六白	丁亥	11
五黄	己未	二黒	己丑	七赤	戊午	四緑	戊子	九紫	丁巳	七赤	戊子	12
六白	庚申	三碧	庚寅	八白	己未	五黄	己丑	一白	戊午	八白	己丑	13
七赤	辛酉	四緑	辛卯	九紫	庚申	六白	庚寅	二黒	己未	九紫	庚寅	14
八白	壬戌	五黄	壬辰	一白	辛酉	七赤	辛卯	三碧	庚申	一白	辛卯	15
九紫	癸亥	六白	癸巳	二黒	壬戌	八白	壬辰	四緑	辛酉	二黒	壬辰	16
★九紫	甲子	七赤	甲午	三碧	癸亥	九紫	癸巳	五黄	壬戌	三碧	癸巳	17
八白	乙丑	八白	乙未	四緑	甲子	一白	甲午	六白	癸亥	四緑	甲午	18
七赤	丙寅	九紫	丙申	五黄	乙丑	二黒	乙未	七赤	甲子	五黄	乙未	19
六白	丁卯	一白	丁酉	六白	丙寅	三碧	丙申	八白	乙丑	六白	丙申	20
五黄	戊辰	二黒	戊戌	七赤	丁卯	四緑	丁酉	九紫	丙寅	七赤	丁酉	21
四緑	己巳	三碧	己亥	八白	戊辰	五黄	戊戌	一白	丁卯	八白	戊戌	22
三碧	庚午	四緑	庚子	九紫	己巳	六白	己亥	二黒	戊辰	九紫	己亥	23
二黒	辛未	五黄	辛丑	一白	庚午	七赤	庚子	三碧	己巳	一白	庚子	24
一白	壬申	六白	壬寅	二黒	辛未	八白	辛丑	四緑	庚午	二黒	辛丑	25
九紫	癸酉	七赤	癸卯	三碧	壬申	九紫	壬寅	五黄	辛未	三碧	壬寅	26
八白	甲戌	八白	甲辰	四緑	癸酉	一白	癸卯	六白	壬申	四緑	癸卯	27
七赤	乙亥	九紫	乙巳	五黄	甲戌	二黒	甲辰	七赤	癸酉	五黄	甲辰	28
六白	丙子	一白	丙午	六白	乙亥	三碧	乙巳	八白	甲戌	六白	乙巳	29
五黄	丁丑	二黒	丁未	七赤	丙子	四緑	丙午	九紫	乙亥			30
四緑	戊寅			八白	丁丑			一白	丙子			31

◎陽遁：令和 13 年 12 月 20 日～令和 14 年 7 月 16 日
★陰遁：令和 14 年 7 月 17 日～令和 15 年 1 月 12 日

令和15年 1月		12月		11月		10月		9月		8月		月
癸丑		壬子		辛亥		庚戌		己酉		戊申		月干支
六白金星		七赤金星		八白土星		九紫火星		一白水星		二黒土星		九星
5日		6日		7日		8日		7日		7日		節入日
5 1 3破 4 6 8 9 2 7ア		6 2破 4 5 7 9ア 1 3 8		破7 3 5 6 8 1 ア2 4 9		破8ア 4 6 7 9 2 3 5 1		9 5 7 破8 1 3 4 6ア 2		1 6 8ア 9 2 4 破5 7 3		月盤
三碧	壬子	七赤	辛巳	一白	辛亥	五黄	庚辰	八白	庚戌	三碧	己卯	1
二黒	癸丑	六白	壬午	九紫	壬子	四緑	辛巳	七赤	辛亥	二黒	庚辰	2
一白	甲寅	五黄	癸未	八白	癸丑	三碧	壬午	六白	壬子	一白	辛巳	3
★九紫	乙卯	四緑	甲申	七赤	甲寅	二黒	癸未	五黄	癸丑	九紫	壬午	4
八白▼	丙辰	三碧	乙酉	六白	乙卯	一白	甲申	四緑	甲寅	八白	癸未	5
七赤	丁巳	二黒▼	丙戌	五黄	丙辰	九紫	乙酉	三碧	乙卯	七赤	甲申	6
六白	戊午	一白	丁亥	四緑▼	丁巳	八白	丙戌	二黒▼	丙辰	六白▼	乙酉	7
五黄	己未	九紫	戊子	三碧	戊午	七赤▼	丁亥	一白	丁巳	五黄	丙戌	8
四緑	庚申	八白	己丑	二黒	己未	六白	戊子	九紫	戊午	四緑	丁亥	9
三碧	辛酉	七赤	庚寅	一白	庚申	五黄	己丑	八白	己未	三碧	戊子	10
二黒	壬戌	六白	辛卯	九紫	辛酉	四緑	庚寅	七赤	庚申	二黒	己丑	11
一白	癸亥	五黄	壬辰	八白	壬戌	三碧	辛卯	六白	辛酉	一白	庚寅	12
◎一白	甲子	四緑	癸巳	七赤	癸亥	二黒	壬辰	五黄	壬戌	九紫	辛卯	13
二黒	乙丑	三碧	甲午	六白	甲子	一白	癸巳	四緑	癸亥	八白	壬辰	14
三碧	丙寅	二黒	乙未	五黄	乙丑	九紫	甲午	三碧	甲子	七赤	癸巳	15
四緑	丁卯	一白	丙申	四緑	丙寅	八白	乙未	二黒	乙丑	六白	甲午	16
五黄	戊辰	九紫	丁酉	三碧	丁卯	七赤	丙申	一白	丙寅	五黄	乙未	17
六白	己巳	八白	戊戌	二黒	戊辰	六白	丁酉	九紫	丁卯	四緑	丙申	18
七赤	庚午	七赤	己亥	一白	己巳	五黄	戊戌	八白	戊辰	三碧	丁酉	19
八白	辛未	六白	庚子	九紫	庚午	四緑	己亥	七赤	己巳	二黒	戊戌	20
九紫	壬申	五黄	辛丑	八白	辛未	三碧	庚子	六白	庚午	一白	己亥	21
一白	癸酉	四緑	壬寅	七赤	壬申	二黒	辛丑	五黄	辛未	九紫	庚子	22
二黒	甲戌	三碧	癸卯	六白	癸酉	一白	壬寅	四緑	壬申	八白	辛丑	23
三碧	乙亥	二黒	甲辰	五黄	甲戌	九紫	癸卯	三碧	癸酉	七赤	壬寅	24
四緑	丙子	一白	乙巳	四緑	乙亥	八白	甲辰	二黒	甲戌	六白	癸卯	25
五黄	丁丑	九紫	丙午	三碧	丙子	七赤	乙巳	一白	乙亥	五黄	甲辰	26
六白	戊寅	八白	丁未	二黒	丁丑	六白	丙午	九紫	丙子	四緑	乙巳	27
七赤	己卯	七赤	戊申	一白	戊寅	五黄	丁未	八白	丁丑	三碧	丙午	28
八白	庚辰	六白	己酉	九紫	己卯	四緑	戊申	七赤	戊寅	二黒	丁未	29
九紫	辛巳	五黄	庚戌	八白	庚辰	三碧	己酉	六白	己卯	一白	戊申	30
一白	壬午	四緑	辛亥			二黒	庚戌			九紫	己酉	31

2033年　令和15年　癸丑　三碧木星

2	7	9破
ア1	3	5
6	8	4

7月		6月		5月		4月		3月		2月		月
己未		戊午		丁巳		丙辰		乙卯		甲寅		月干支
九紫火星		一白水星		二黒土星		三碧木星		四緑木星		五黄土星		九星
7日		5日		5日		4日		5日		3日		節入日
8 ア4 6 7 9 2 破3 5 1		9 5 7 8 1 3 4 破6ア 2		1 6 8ア 9 2 4 5 7 3破		2 7 9 ア1 3 5 6 8 4破		ア3 8 1 2 4 6破 7 9 5		4 9 2破 3 5 7 8 1 6		月盤
八白	癸丑	五黄	癸未	一白	壬子	七赤	壬午	三碧	辛亥	二黒	癸未	1
九紫	甲寅	六白	甲申	二黒	癸丑	八白	癸未	四緑	壬子	三碧	甲申	2
一白	乙卯	七赤	乙酉	三碧	甲寅	九紫	甲申	五黄	癸丑	四緑▼	乙酉	3
二黒	丙辰	八白	丙戌	四緑	乙卯	一白▼	乙酉	六白	甲寅	五黄	丙戌	4
三碧	丁巳	九紫▼	丁亥	五黄▼	丙辰	二黒	丙戌	七赤▼	乙卯	六白	丁亥	5
四緑	戊午	一白	戊子	六白	丁巳	三碧	丁亥	八白	丙辰	七赤	戊子	6
五黄▼	己未	二黒	己丑	七赤	戊午	四緑	戊子	九紫	丁巳	八白	己丑	7
六白	庚申	三碧	庚寅	八白	己未	五黄	己丑	一白	戊午	九紫	庚寅	8
七赤	辛酉	四緑	辛卯	九紫	庚申	六白	庚寅	二黒	己未	一白	辛卯	9
八白	壬戌	五黄	壬辰	一白	辛酉	七赤	辛卯	三碧	庚申	二黒	壬辰	10
九紫	癸亥	六白	癸巳	二黒	壬戌	八白	壬辰	四緑	辛酉	三碧	癸巳	11
★九紫	甲子	七赤	甲午	三碧	癸亥	九紫	癸巳	五黄	壬戌	四緑	甲午	12
八白	乙丑	八白	乙未	四緑	甲子	一白	甲午	六白	癸亥	五黄	乙未	13
七赤	丙寅	九紫	丙申	五黄	乙丑	二黒	乙未	七赤	甲子	六白	丙申	14
六白	丁卯	一白	丁酉	六白	丙寅	三碧	丙申	八白	乙丑	七赤	丁酉	15
五黄	戊辰	二黒	戊戌	七赤	丁卯	四緑	丁酉	九紫	丙寅	八白	戊戌	16
四緑	己巳	三碧	己亥	八白	戊辰	五黄	戊戌	一白	丁卯	九紫	己亥	17
三碧	庚午	四緑	庚子	九紫	己巳	六白	己亥	二黒	戊辰	一白	庚子	18
二黒	辛未	五黄	辛丑	一白	庚午	七赤	庚子	三碧	己巳	二黒	辛丑	19
一白	壬申	六白	壬寅	二黒	辛未	八白	辛丑	四緑	庚午	三碧	壬寅	20
九紫	癸酉	七赤	癸卯	三碧	壬申	九紫	壬寅	五黄	辛未	四緑	癸卯	21
八白	甲戌	八白	甲辰	四緑	癸酉	一白	癸卯	六白	壬申	五黄	甲辰	22
七赤	乙亥	九紫	乙巳	五黄	甲戌	二黒	甲辰	七赤	癸酉	六白	乙巳	23
六白	丙子	一白	丙午	六白	乙亥	三碧	乙巳	八白	甲戌	七赤	丙午	24
五黄	丁丑	二黒	丁未	七赤	丙子	四緑	丙午	九紫	乙亥	八白	丁未	25
四緑	戊寅	三碧	戊申	八白	丁丑	五黄	丁未	一白	丙子	九紫	戊申	26
三碧	己卯	四緑	己酉	九紫	戊寅	六白	戊申	二黒	丁丑	一白	己酉	27
二黒	庚辰	五黄	庚戌	一白	己卯	七赤	己酉	三碧	戊寅	二黒	庚戌	28
一白	辛巳	六白	辛亥	二黒	庚辰	八白	庚戌	四緑	己卯			29
九紫	壬午	七赤	壬子	三碧	辛巳	九紫	辛亥	五黄	庚辰			30
八白	癸未			四緑	壬午			六白	辛巳			31

★陰遁：令和 14 年 7 月 17 日〜令和 15 年 1 月 12 日
◎陽遁：令和 15 年 1 月 13 日〜令和 15 年 7 月 11 日
★陰遁：令和 15 年 7 月 12 日〜令和 16 年 1 月 7 日

令和16年 1月		12月		11月		10月		9月		8月		月
乙丑		甲子		癸亥		壬戌		辛酉		庚申		月干支
三碧木星		四緑木星		五黄土星		六白金星		七赤金星		八白土星		九星
5日		7日		7日		8日		7日		7日		節入日
2 7 9破 ア1 3 5 6 8 4		ア3 8破 1 2 4 6 7 9 5		破4 9 2 3 5 7 8 1 6		破5 1 3 4 6 8 9 2 7ア		6 2 4 破5 7 9ア 1 3 8		7 3 5 6 8 1 破ア2 4 9		月盤
七赤	丁巳	二黒	丙戌	五黄	丙辰	九紫	乙酉	三碧	乙卯	七赤	甲申	1
六白	戊午	一白	丁亥	四緑	丁巳	八白	丙戌	二黒	丙辰	六白	乙酉	2
五黄	己未	九紫	戊子	三碧	戊午	七赤	丁亥	一白	丁巳	五黄	丙戌	3
四緑	庚申	八白	己丑	二黒	己未	六白	戊子	九紫	戊午	四緑	丁亥	4
三碧▼	辛酉	七赤	庚寅	一白	庚申	五黄	己丑	八白	己未	三碧	戊子	5
二黒	壬戌	六白	辛卯	九紫	辛酉	四緑	庚寅	七赤	庚申	二黒	己丑	6
一白	癸亥	五黄▼	壬辰	八白▼	壬戌	三碧	辛卯	六白▼	辛酉	一白▼	庚寅	7
◎一白	甲子	四緑	癸巳	七赤	癸亥	二黒▼	壬辰	五黄	壬戌	九紫	辛卯	8
二黒	乙丑	三碧	甲午	六白	甲子	一白	癸巳	四緑	癸亥	八白	壬辰	9
三碧	丙寅	二黒	乙未	五黄	乙丑	九紫	甲午	三碧	甲子	七赤	癸巳	10
四緑	丁卯	一白	丙申	四緑	丙寅	八白	乙未	二黒	乙丑	六白	甲午	11
五黄	戊辰	九紫	丁酉	三碧	丁卯	七赤	丙申	一白	丙寅	五黄	乙未	12
六白	己巳	八白	戊戌	二黒	戊辰	六白	丁酉	九紫	丁卯	四緑	丙申	13
七赤	庚午	七赤	己亥	一白	己巳	五黄	戊戌	八白	戊辰	三碧	丁酉	14
八白	辛未	六白	庚子	九紫	庚午	四緑	己亥	七赤	己巳	二黒	戊戌	15
九紫	壬申	五黄	辛丑	八白	辛未	三碧	庚子	六白	庚午	一白	己亥	16
一白	癸酉	四緑	壬寅	七赤	壬申	二黒	辛丑	五黄	辛未	九紫	庚子	17
二黒	甲戌	三碧	癸卯	六白	癸酉	一白	壬寅	四緑	壬申	八白	辛丑	18
三碧	乙亥	二黒	甲辰	五黄	甲戌	九紫	癸卯	三碧	癸酉	七赤	壬寅	19
四緑	丙子	一白	乙巳	四緑	乙亥	八白	甲辰	二黒	甲戌	六白	癸卯	20
五黄	丁丑	九紫	丙午	三碧	丙子	七赤	乙巳	一白	乙亥	五黄	甲辰	21
六白	戊寅	八白	丁未	二黒	丁丑	六白	丙午	九紫	丙子	四緑	乙巳	22
七赤	己卯	七赤	戊申	一白	戊寅	五黄	丁未	八白	丁丑	三碧	丙午	23
八白	庚辰	六白	己酉	九紫	己卯	四緑	戊申	七赤	戊寅	二黒	丁未	24
九紫	辛巳	五黄	庚戌	八白	庚辰	三碧	己酉	六白	己卯	一白	戊申	25
一白	壬午	四緑	辛亥	七赤	辛巳	二黒	庚戌	五黄	庚辰	九紫	己酉	26
二黒	癸未	三碧	壬子	六白	壬午	一白	辛亥	四緑	辛巳	八白	庚戌	27
三碧	甲申	二黒	癸丑	五黄	癸未	九紫	壬子	三碧	壬午	七赤	辛亥	28
四緑	乙酉	一白	甲寅	四緑	甲申	八白	癸丑	二黒	癸未	六白	壬子	29
五黄	丙戌	九紫	乙卯	三碧	乙酉	七赤	甲寅	一白	甲申	五黄	癸丑	30
六白	丁亥	八白	丙辰			六白	乙卯			四緑	甲寅	31

2034年　令和16年　甲寅　二黒土星

1	6	ア8破
9	2	4
5	7	3

7月	6月	5月	4月	3月	2月	月
辛未	庚午	己巳	戊辰	丁卯	丙寅	月干支
六白金星	七赤金星	八白土星	九紫火星	一白水星	二黒土星	九星
7日	5日	5日	5日	5日	4日	節入日
5 1 3 4 6 8 破9 2 7ア	6 2 4 5 7 9ア 1 破3 8	7 3 5 6 8 1 ア2 4 9破	8 ア4 6 7 9 2 3 5 1破	9 5 7 8 1 3破 4 ア6 2	1 6 8ア破 9 2 4 5 7 3	月盤

7月		6月		5月		4月		3月		2月		日
四緑	戊午	一白	戊子	六白	丁巳	三碧	丁亥	八白	丙辰	七赤	戊子	1
五黄	己未	二黒	己丑	七赤	戊午	四緑	戊子	九紫	丁巳	八白	己丑	2
六白	庚申	三碧	庚寅	八白	己未	五黄	己丑	一白	戊午	九紫	庚寅	3
七赤	辛酉	四緑	辛卯	九紫	庚申	六白	庚寅	二黒	己未	一白▼	辛卯	4
八白	壬戌	五黄▼	壬辰	一白▼	辛酉	七赤▼	辛卯	三碧▼	庚申	二黒	壬辰	5
九紫	癸亥	六白	癸巳	二黒	壬戌	八白	壬辰	四緑	辛酉	三碧	癸巳	6
★九紫▼	甲子	七赤	甲午	三碧	癸亥	九紫	癸巳	五黄	壬戌	四緑	甲午	7
八白	乙丑	八白	乙未	四緑	甲子	一白	甲午	六白	癸亥	五黄	乙未	8
七赤	丙寅	九紫	丙申	五黄	乙丑	二黒	乙未	七赤	甲子	六白	丙申	9
六白	丁卯	一白	丁酉	六白	丙寅	三碧	丙申	八白	乙丑	七赤	丁酉	10
五黄	戊辰	二黒	戊戌	七赤	丁卯	四緑	丁酉	九紫	丙寅	八白	戊戌	11
四緑	己巳	三碧	己亥	八白	戊辰	五黄	戊戌	一白	丁卯	九紫	己亥	12
三碧	庚午	四緑	庚子	九紫	己巳	六白	己亥	二黒	戊辰	一白	庚子	13
二黒	辛未	五黄	辛丑	一白	庚午	七赤	庚子	三碧	己巳	二黒	辛丑	14
一白	壬申	六白	壬寅	二黒	辛未	八白	辛丑	四緑	庚午	三碧	壬寅	15
九紫	癸酉	七赤	癸卯	三碧	壬申	九紫	壬寅	五黄	辛未	四緑	癸卯	16
八白	甲戌	八白	甲辰	四緑	癸酉	一白	癸卯	六白	壬申	五黄	甲辰	17
七赤	乙亥	九紫	乙巳	五黄	甲戌	二黒	甲辰	七赤	癸酉	六白	乙巳	18
六白	丙子	一白	丙午	六白	乙亥	三碧	乙巳	八白	甲戌	七赤	丙午	19
五黄	丁丑	二黒	丁未	七赤	丙子	四緑	丙午	九紫	乙亥	八白	丁未	20
四緑	戊寅	三碧	戊申	八白	丁丑	五黄	丁未	一白	丙子	九紫	戊申	21
三碧	己卯	四緑	己酉	九紫	戊寅	六白	戊申	二黒	丁丑	一白	己酉	22
二黒	庚辰	五黄	庚戌	一白	己卯	七赤	己酉	三碧	戊寅	二黒	庚戌	23
一白	辛巳	六白	辛亥	二黒	庚辰	八白	庚戌	四緑	己卯	三碧	辛亥	24
九紫	壬午	七赤	壬子	三碧	辛巳	九紫	辛亥	五黄	庚辰	四緑	壬子	25
八白	癸未	八白	癸丑	四緑	壬午	一白	壬子	六白	辛巳	五黄	癸丑	26
七赤	甲申	九紫	甲寅	五黄	癸未	二黒	癸丑	七赤	壬午	六白	甲寅	27
六白	乙酉	一白	乙卯	六白	甲申	三碧	甲寅	八白	癸未	七赤	乙卯	28
五黄	丙戌	二黒	丙辰	七赤	乙酉	四緑	乙卯	九紫	甲申			29
四緑	丁亥	三碧	丁巳	八白	丙戌	五黄	丙辰	一白	乙酉			30
三碧	戊子			九紫	丁亥			二黒	丙戌			31

★陰遁：令和 15 年 7 月 12 日～令和 16 年 1 月 7 日
◎陽遁：令和 16 年 1 月 8 日～令和 16 年 7 月 6 日
★陰遁：令和 16 年 7 月 7 日～令和 17 年 1 月 2 日

令和17年 1月		12月		11月		10月		9月		8月		月
丁丑		丙子		乙亥		甲戌		癸酉		壬申		月干支
九紫火星		一白水星		二黒土星		三碧木星		四緑木星		五黄土星		九星
5日		7日		7日		8日		7日		7日		節入日
8 ア4 6破 7 9 2 3 5 1		9 5破 7 8 1 3 4 ア6 2		破1 6 8ア 9 2 4 5 7 3		破2 7 9 ア1 3 5 6 8 4		ア3 8 1 破2 4 6 7 9 5		4 9 2 3 5 7 破8 1 6		月盤
二黒	壬戌	六白	辛卯	九紫	辛酉	四緑	庚寅	七赤	庚申	二黒	己丑	1
一白	癸亥	五黄	壬辰	八白	壬戌	三碧	辛卯	六白	辛酉	一白	庚寅	2
◎一白	甲子	四緑	癸巳	七赤	癸亥	二黒	壬辰	五黄	壬戌	九紫	辛卯	3
二黒	乙丑	三碧	甲午	六白	甲子	一白	癸巳	四緑	癸亥	八白	壬辰	4
三碧▼	丙寅	二黒	乙未	五黄	乙丑	九紫	甲午	三碧	甲子	七赤	癸巳	5
四緑	丁卯	一白	丙申	四緑	丙寅	八白	乙未	二黒	乙丑	六白	甲午	6
五黄	戊辰	九紫▼	丁酉	三碧▼	丁卯	七赤	丙申	一白▼	丙寅	五黄▼	乙未	7
六白	己巳	八白	戊戌	二黒	戊辰	六白▼	丁酉	九紫	丁卯	四緑	丙申	8
七赤	庚午	七赤	己亥	一白	己巳	五黄	戊戌	八白	戊辰	三碧	丁酉	9
八白	辛未	六白	庚子	九紫	庚午	四緑	己亥	七赤	己巳	二黒	戊戌	10
九紫	壬申	五黄	辛丑	八白	辛未	三碧	庚子	六白	庚午	一白	己亥	11
一白	癸酉	四緑	壬寅	七赤	壬申	二黒	辛丑	五黄	辛未	九紫	庚子	12
二黒	甲戌	三碧	癸卯	六白	癸酉	一白	壬寅	四緑	壬申	八白	辛丑	13
三碧	乙亥	二黒	甲辰	五黄	甲戌	九紫	癸卯	三碧	癸酉	七赤	壬寅	14
四緑	丙子	一白	乙巳	四緑	乙亥	八白	甲辰	二黒	甲戌	六白	癸卯	15
五黄	丁丑	九紫	丙午	三碧	丙子	七赤	乙巳	一白	乙亥	五黄	甲辰	16
六白	戊寅	八白	丁未	二黒	丁丑	六白	丙午	九紫	丙子	四緑	乙巳	17
七赤	己卯	七赤	戊申	一白	戊寅	五黄	丁未	八白	丁丑	三碧	丙午	18
八白	庚辰	六白	己酉	九紫	己卯	四緑	戊申	七赤	戊寅	二黒	丁未	19
九紫	辛巳	五黄	庚戌	八白	庚辰	三碧	己酉	六白	己卯	一白	戊申	20
一白	壬午	四緑	辛亥	七赤	辛巳	二黒	庚戌	五黄	庚辰	九紫	己酉	21
二黒	癸未	三碧	壬子	六白	壬午	一白	辛亥	四緑	辛巳	八白	庚戌	22
三碧	甲申	二黒	癸丑	五黄	癸未	九紫	壬子	三碧	壬午	七赤	辛亥	23
四緑	乙酉	一白	甲寅	四緑	甲申	八白	癸丑	二黒	癸未	六白	壬子	24
五黄	丙戌	九紫	乙卯	三碧	乙酉	七赤	甲寅	一白	甲申	五黄	癸丑	25
六白	丁亥	八白	丙辰	二黒	丙戌	六白	乙卯	九紫	乙酉	四緑	甲寅	26
七赤	戊子	七赤	丁巳	一白	丁亥	五黄	丙辰	八白	丙戌	三碧	乙卯	27
八白	己丑	六白	戊午	九紫	戊子	四緑	丁巳	七赤	丁亥	二黒	丙辰	28
九紫	庚寅	五黄	己未	八白	己丑	三碧	戊午	六白	戊子	一白	丁巳	29
一白	辛卯	四緑	庚申	七赤	庚寅	二黒	己未	五黄	己丑	九紫	戊午	30
二黒	壬辰	三碧	辛酉			一白	庚申			八白	己未	31

2035年　令和17年　乙卯　一白水星

9	5	7
8	1	3破
4	6ア	2

7月		6月		5月		4月		3月		2月		月
癸未		壬午		辛巳		庚辰		己卯		戊寅		月干支
三碧木星		四緑木星		五黄土星		六白金星		七赤金星		八白土星		九星
7日		6日		6日		5日		6日		4日		節入日
2 7 9 ア1 3 5 破6 8 4		ア3 8 1 2 4 6 7 破9 5		4 9 2 3 5 7 8 1 6破		5 1 3 4 6 8 9 2 7破ア		6 2 4 5 7 9破ア 1 3 8		7 3 5破 6 8 1 ア2 4 9		月盤
九紫	癸亥	六白	癸巳	二黒	壬戌	八白	壬辰	四緑	辛酉	三碧	癸巳	1
★九紫	甲子	七赤	甲午	三碧	癸亥	九紫	癸巳	五黄	壬戌	四緑	甲午	2
八白	乙丑	八白	乙未	四緑	甲子	一白	甲午	六白	癸亥	五黄	乙未	3
七赤	丙寅	九紫	丙申	五黄	乙丑	二黒	乙未	七赤	甲子	六白▼	丙申	4
六白	丁卯	一白	丁酉	六白	丙寅	三碧▼	丙申	八白	乙丑	七赤	丁酉	5
五黄	戊辰	二黒▼	戊戌	七赤▼	丁卯	四緑	丁酉	九紫▼	丙寅	八白	戊戌	6
四緑▼	己巳	三碧	己亥	八白	戊辰	五黄	戊戌	一白	丁卯	九紫	己亥	7
三碧	庚午	四緑	庚子	九紫	己巳	六白	己亥	二黒	戊辰	一白	庚子	8
二黒	辛未	五黄	辛丑	一白	庚午	七赤	庚子	三碧	己巳	二黒	辛丑	9
一白	壬申	六白	壬寅	二黒	辛未	八白	辛丑	四緑	庚午	三碧	壬寅	10
九紫	癸酉	七赤	癸卯	三碧	壬申	九紫	壬寅	五黄	辛未	四緑	癸卯	11
八白	甲戌	八白	甲辰	四緑	癸酉	一白	癸卯	六白	壬申	五黄	甲辰	12
七赤	乙亥	九紫	乙巳	五黄	甲戌	二黒	甲辰	七赤	癸酉	六白	乙巳	13
六白	丙子	一白	丙午	六白	乙亥	三碧	乙巳	八白	甲戌	七赤	丙午	14
五黄	丁丑	二黒	丁未	七赤	丙子	四緑	丙午	九紫	乙亥	八白	丁未	15
四緑	戊寅	三碧	戊申	八白	丁丑	五黄	丁未	一白	丙子	九紫	戊申	16
三碧	己卯	四緑	己酉	九紫	戊寅	六白	戊申	二黒	丁丑	一白	己酉	17
二黒	庚辰	五黄	庚戌	一白	己卯	七赤	己酉	三碧	戊寅	二黒	庚戌	18
一白	辛巳	六白	辛亥	二黒	庚辰	八白	庚戌	四緑	己卯	三碧	辛亥	19
九紫	壬午	七赤	壬子	三碧	辛巳	九紫	辛亥	五黄	庚辰	四緑	壬子	20
八白	癸未	八白	癸丑	四緑	壬午	一白	壬子	六白	辛巳	五黄	癸丑	21
七赤	甲申	九紫	甲寅	五黄	癸未	二黒	癸丑	七赤	壬午	六白	甲寅	22
六白	乙酉	一白	乙卯	六白	甲申	三碧	甲寅	八白	癸未	七赤	乙卯	23
五黄	丙戌	二黒	丙辰	七赤	乙酉	四緑	乙卯	九紫	甲申	八白	丙辰	24
四緑	丁亥	三碧	丁巳	八白	丙戌	五黄	丙辰	一白	乙酉	九紫	丁巳	25
三碧	戊子	四緑	戊午	九紫	丁亥	六白	丁巳	二黒	丙戌	一白	戊午	26
二黒	己丑	五黄	己未	一白	戊子	七赤	戊午	三碧	丁亥	二黒	己未	27
一白	庚寅	六白	庚申	二黒	己丑	八白	己未	四緑	戊子	三碧	庚申	28
九紫	辛卯	七赤	辛酉	三碧	庚寅	九紫	庚申	五黄	己丑			29
八白	壬辰	八白	壬戌	四緑	辛卯	一白	辛酉	六白	庚寅			30
七赤	癸巳			五黄	壬辰			七赤	辛卯			31

★陰遁：令和 16 年 7 月 7 日～令和 17 年 1 月 2 日
◎陽遁：令和 17 年 1 月 3 日～令和 17 年 7 月 1 日
★陰遁：令和 17 年 7 月 2 日～令和 17 年 12 月 28 日
◎陽遁：令和 17 年 12 月 29 日～令和 18 年 6 月 25 日

令和18年 1月		12月		11月		10月		9月		8月		月
己丑		戊子		丁亥		丙戌		乙酉		甲申		月干支
六白金星		七赤金星		八白土星		九紫火星		一白水星		二黒土星		九星
6日		7日		7日		8日		8日		8日		節入日
5 1 3(破) 4 6 8 9 2 7(ア)		6 2(破) 4 5 7 9(ア) 1 3 8		(破)7 3 5 6 8 1 (ア)2 4 9		(破)8 (ア)4 6 7 9 2 3 5 1		9 5 7 (破)8 1 3 4 6(ア) 2		1 6 8(ア) 9 2 4 (破)5 7 3		月盤
四緑	丁卯	一白	丙申	四緑	丙寅	八白	乙未	二黒	乙丑	六白	甲午	1
五黄	戊辰	九紫	丁酉	三碧	丁卯	七赤	丙申	一白	丙寅	五黄	乙未	2
六白	己巳	八白	戊戌	二黒	戊辰	六白	丁酉	九紫	丁卯	四緑	丙申	3
七赤	庚午	七赤	己亥	一白	己巳	五黄	戊戌	八白	戊辰	三碧	丁酉	4
八白	辛未	六白	庚子	九紫	庚午	四緑	己亥	七赤	己巳	二黒	戊戌	5
九紫▼	壬申	五黄	辛丑	八白	辛未	三碧	庚子	六白	庚午	一白	己亥	6
一白	癸酉	四緑▼	壬寅	七赤▼	壬申	二黒	辛丑	五黄	辛未	九紫	庚子	7
二黒	甲戌	三碧	癸卯	六白	癸酉	一白▼	壬寅	四緑▼	壬申	八白▼	辛丑	8
三碧	乙亥	二黒	甲辰	五黄	甲戌	九紫	癸卯	三碧	癸酉	七赤	壬寅	9
四緑	丙子	一白	乙巳	四緑	乙亥	八白	甲辰	二黒	甲戌	六白	癸卯	10
五黄	丁丑	九紫	丙午	三碧	丙子	七赤	乙巳	一白	乙亥	五黄	甲辰	11
六白	戊寅	八白	丁未	二黒	丁丑	六白	丙午	九紫	丙子	四緑	乙巳	12
七赤	己卯	七赤	戊申	一白	戊寅	五黄	丁未	八白	丁丑	三碧	丙午	13
八白	庚辰	六白	己酉	九紫	己卯	四緑	戊申	七赤	戊寅	二黒	丁未	14
九紫	辛巳	五黄	庚戌	八白	庚辰	三碧	己酉	六白	己卯	一白	戊申	15
一白	壬午	四緑	辛亥	七赤	辛巳	二黒	庚戌	五黄	庚辰	九紫	己酉	16
二黒	癸未	三碧	壬子	六白	壬午	一白	辛亥	四緑	辛巳	八白	庚戌	17
三碧	甲申	二黒	癸丑	五黄	癸未	九紫	壬子	三碧	壬午	七赤	辛亥	18
四緑	乙酉	一白	甲寅	四緑	甲申	八白	癸丑	二黒	癸未	六白	壬子	19
五黄	丙戌	九紫	乙卯	三碧	乙酉	七赤	甲寅	一白	甲申	五黄	癸丑	20
六白	丁亥	八白	丙辰	二黒	丙戌	六白	乙卯	九紫	乙酉	四緑	甲寅	21
七赤	戊子	七赤	丁巳	一白	丁亥	五黄	丙辰	八白	丙戌	三碧	乙卯	22
八白	己丑	六白	戊午	九紫	戊子	四緑	丁巳	七赤	丁亥	二黒	丙辰	23
九紫	庚寅	五黄	己未	八白	己丑	三碧	戊午	六白	戊子	一白	丁巳	24
一白	辛卯	四緑	庚申	七赤	庚寅	二黒	己未	五黄	己丑	九紫	戊午	25
二黒	壬辰	三碧	辛酉	六白	辛卯	一白	庚申	四緑	庚寅	八白	己未	26
三碧	癸巳	二黒	壬戌	五黄	壬辰	九紫	辛酉	三碧	辛卯	七赤	庚申	27
四緑	甲午	一白	癸亥	四緑	癸巳	八白	壬戌	二黒	壬辰	六白	辛酉	28
五黄	乙未	◎一白	甲子	三碧	甲午	七赤	癸亥	一白	癸巳	五黄	壬戌	29
六白	丙申	二黒	乙丑	二黒	乙未	六白	甲子	九紫	甲午	四緑	癸亥	30
七赤	丁酉	三碧	丙寅			五黄	乙丑			三碧	甲子	31

あとがき

「気学・方位学」の本は、ちまたに数多くありますが、気学と方位学（若干「四柱推命」）の基礎から、同会法、傾斜法、吉方位、祐気取りまでを一冊の本にまとめてある本はほとんどありません。そこで、「気学・方位学」に必要な事項を余すことなく、一冊の本にコンパクトにまとめたものをと思って書き上げたのが本書なのです。

この本は、稲葉應環先生との共著書として平成二十三年四月に知道出版より刊行した『ツキと開運とを呼ぶ気学・方位学』をもとに、私が暦を中心に大幅に書き直したものです。

「暦」については、「令和三年」から「令和十七年」までの十五年分を掲載しました。

この本の刊行にあたり、原作者の一人である稲葉應環先生をはじめ、原稿を校正していただいた甲月あさ美先生と、知道出版のスタッフの方々に厚く御礼申し上げます。

甲斐四柱推命学院 学院長　山田凰聖

山田凰聖（やまだこうせい）
甲斐四柱推命学院 学院長
1952年、大阪市生まれ。大阪産経学園、JEUGIAカルチャーセンターなんばパークス、よみうり天満橋文化センターなどで本書の気学・方位学の講座を担当。
他にも近鉄文化サロン、よみうり文化センター、大阪産経学園、JEUGIAカルチャーセンター、NHK文化センター、イオンカルチャーセンターなどで「四柱推命」「易タロット」「手相学」などの講座を担当。主な著書に『よくわかる手相の見方』『よくわかる四柱推命占い』『幸せを呼ぶ易タロット』（いずれも知道出版）などがある。
HP http://www.yamada-kosei.com

よくわかる気学（きがく）・方位学（ほういがく）
2020年10月1日　初版第1刷発行
著　者　山田凰聖
発行者　鎌田順雄
発行所　知道出版
〒101-0051 東京都千代田区神田神保町 1-7-3 三光堂ビル
TEL 03-5282-3185 FAX 03-5282-3186
http://www.chido.co.jp
印　刷　モリモト印刷

ISBN978-4-88664-331-5